Despídete del apagón emocional

Dra. Vanessa Negrón García

Despídete del apagón emocional © Vanessa Negrón García, 2023.
Publicación independiente de Vanessa Negrón García, 2024
Todos los derechos reservados. San Juan, Puerto Rico.

ISBN: 979-8-218-06968-1
Página web: www.dravanessanegron.com

Equipo de autopublicación:
Programa Emprende Con Tu Libro

Mentoría en autopublicación estratégica y gerencia editorial: Anita Paniagua
www.emprendecontulibro.net

Edición y corrección de prueba: Yasmín Rodríguez
The Writing Ghost®, Inc.
www.thewritingghost.com

Diseño gráfico y portada: Amanda Jusino
www.amandajusino.com

Fotografía de la autora: Raúl Romero Photography
raulromerophotography@gmail.com

Despídete del apagón emocional

Autoterapias holísticas para recargar tu energía

Dra. Vanessa Negrón García

Dedicatoria

A mi Ser Supremo, Dios, Universo, Fuerza Vital que estás en todas partes, gracias por tu presencia, por darme luz en este caminar y por permitirme ayudar a otros.

A mis pacientes y clientes, ustedes son mi motivación y mi aprendizaje diario. Gracias por existir en mi vida y por la oportunidad de servirles con amor, compasión y entrega.

A Ramse, que siempre está a mi lado y apoya cada paso que doy, Te Amo.

A mi héroe, mi padre, Alexander Negrón, por darme las bases del cuidado, el amor y la perseverancia.

Tabla de contenido

Agradecimientos... 1
Prólogo 5
El apagón.. 9

Parte 1: ¿Qué es un apagón emocional?............................. 19
  El cortocircuito.. 21
    Momento de conectarte.. 26
  ¡Se fue la luz!.. 29
    Autoevaluación de las etapas del apagón emocional.... 30
    Etapa de motivación.. 34
    Etapa de tensión.. 36
    Etapa de frustración... 39
    Etapa de indiferencia.. 41
    Etapa de dolor... 42
    Momento de conectarte.. 45
  Cambia tu programación.. 51
    ¿Por qué no puedes cambiar?.................................... 51
    Momento de conectarte.. 68
  Recarga tu energía.. 81
    Cambia el apagón y conserva energía 81
    Momento de conectarte.. 86

Parte 2: Transforma tu apagón emocional........................... 103
  Autoterapias para recargar tu mente, cuerpo y espíritu... 109
    Mente... 112
    Cuerpo.. 112
    Espíritu.. 113

Energía ancestral..117
    Autoevaluación de la constitución Ayurveda...............129
    Plan de equilibrio para las diferentes doshas................132
    Alimentación saludable y consciente..............................139
    Momento de recargar...147
Energía sagrada..153
    Corriente universal...153
    Esferas de luz..156
    Retroiluminación e imágenes contemplativas...............159
    Armonía de los elementos..162
    Rayo de luz...166
    Momento de recargar...168
Energía en movimiento...177
    Magnetismo Mental...177
    Puntos de energía..180
    Movimiento vital..184
    Toque eléctrico..186
    Esencia aromática..190
    Desintoxicación...193
    Momento de recargar...196
¿Qué hago si vuelvo a apagarme?..205
    Recompénsate...207
    Momento de recargar...210

El rayo que recarga tu energía...**217**
    Contrato para despedirme del apagón emocional y
    recargar mi energía...218
    Plan de transformación de doce meses...........................220
    Mantra de transformación poderosa...............................223

Perfil de la autora...**225**
Referencias..**229**

Agradecimientos

 Agradezco profundamente a todas las personas que hicieron posible la realización de este libro.

Doy gracias a mi familia, amigos y colegas por creer en mí, por su apoyo incondicional, paciencia, comprensión y por acompañarme en esta aventura.

Agradezco además a mis maestros espirituales, seres de luz y a los maestros de la vida que pusieron en mí la semilla de crecimiento profesional y espiritual en terapias holísticas y en la comprensión de la energía y del universo.

Agradezco a las personas que confían en mí para su proceso de transformación y que me llevan a entender lo extraordinario que es el ser humano, su mente, cuerpo y espíritu.

También, doy gracias a mi mentora, Anita Paniagua, por guiarme en este proceso de aprendizaje. Cuando conocí a Anita, su energía me transmitía sabiduría y profesionalismo. Me dije, «ella es especial». Este libro no hubiera sido posible sin su motivación, influencia y dirección. Definitivamente, no sería lo mismo sin su apoyo y guía. La admiro como profesional y como ser humano.

Gracias al equipo de Emprende con tu libro. Muchas gracias a mi editora, Yasmín Rodríguez, por darle forma y entendimiento a mis letras, por sus comentarios críticos y por su paciencia en entender mis ideas. A mi diseñadora, Amanda Jusino, gracias por poner su talento artístico en esta obra, por su creatividad y pasión con lo que hace. Este libro es una experiencia visual, definitivamente una obra de arte. A Raúl, el fotógrafo estrella, le agradezco profundamente las bellas fotos que tomó en mi hogar. Su talento jugando con las luces, imágenes y ambiente hicieron posible que mi imagen se reflejara de una manera tranquila y que capturaras mis emociones a través de ellas.

Agradezco a ti, lector, por tomar la decisión de leer este libro. Desde el momento en que lo escribí, tuve en mente el beneficio que sé que te aportará a tu salud y a tu vida. Espero que este libro te sirva como fuente de reflexión, autodescubrimiento y que cada día puedas aprender más sobre este fascinante y emocionante mundo holístico y de bienestar.

Quiero expresar mi profundo agradecimiento a mi abuela Lucila y a mi madre, ya que sé que su espíritu ha estado conmigo desde el inicio de este proyecto. Siento su presencia y las llevo en mi corazón y en mi mente.

Este libro es el resultado de horas de estudio, trabajo, esfuerzo y sacrificio. Sin embargo, también es el fruto de mi pasión por el ser humano, la mente, la sanación y por compartir mis conocimientos y experiencias con el mundo. Desde lo más profundo de mi corazón, les digo a todos ustedes: ¡Gracias! Sin su apoyo, este libro no hubiera sido posible.

Prólogo

Es un honor y un privilegio tener la oportunidad de escribir el prólogo de este libro tan especial, *Despídete del apagón emocional: Autoterapias para recargar tu energía*, escrito por la Dra. Vanessa Negrón. Desde que empecé a leer estas páginas, quedé cautivada por la profundidad y el conocimiento que Vanessa comparte con sus lectores.

En un mundo en el que el estrés y el agotamiento son parte integral de nuestras vidas, este libro se alza como una fuente de luz, brillo y esperanza. Vanessa nos guía y nos lleva agarrados de la mano, acompañándonos en un viaje de autodescubrimiento y sanación que todos necesitamos en estos tiempos.

La premisa fundamental de este libro es simple pero poderosa: todos enfrentamos momentos de apagón emocional en nuestras vidas, en los que sentimos que no podemos más y perdemos nuestra conexión con nosotros mismos. A través de una combinación única de sabiduría, técnicas de autoterapia y un enfoque integral en el bienestar, Vanessa nos muestra cómo podemos recuperar esa chispa interior, alcanzar nuestro equilibrio emocional y reconectar con nuestra mente, cuerpo y espíritu.

Lo que más me impresiona de este libro es la forma en que Vanessa combina de manera magistral la teoría con la práctica de las técnicas que propone. A lo largo de estas páginas, encontrarás ejercicios y herramientas que puedes aplicar de inmediato en tu vida cotidiana. Estas prácticas te ayudarán a recargar tu energía, liberar bloqueos emocionales y transformar tu bienestar en todas las áreas de tu vida.

A medida que avanzas en la lectura, te embarcarás en un viaje holístico. Vanessa te guiará a través de las etapas del apagón emocional con empatía y claridad, ofreciéndote estrategias efectivas para abordar cada fase. Aprenderás a utilizar la meditación, tisanas, mantras y otras herramientas esenciales para despertar tu espíritu y sentirte lleno de energía nuevamente.

Al cerrar este prólogo, quiero expresar mi sincero agradecimiento a Vanessa por compartir su experiencia, sabiduría y visión. Su pasión por el bienestar y su deseo de ayudar se reflejan en cada palabra escrita en este libro. Estoy segura de que estas páginas tocarán los corazones y las vidas de muchos, brindándoles el regalo de la auto-transformación y la reconexión con su ser interior.

Despídete del apagón emocional es un libro inspirador que nos recuerda que tenemos el poder de recargar la energía en nuestras propias vidas. Te invito a sumergirte en estas páginas con una mente abierta y un corazón receptivo, listo para abrazar la luz que siempre ha estado dentro de ti.

Un abrazo,

Dra. Marieli Ríos

El apagón

¿Eres un profesional que se siente apagado, cansado y con dolor en tu cuerpo? ¿Tus emociones te duelen y los tratamientos tradicionales y las medicinas no te ayudan a aliviar tu malestar? ¿Tal vez no buscas ayuda porque trataste de resolver tu problema por tu cuenta, pero continúas sintiéndote mal?

¡Hola! Soy Vanessa, psicóloga industrial organizacional, consejera profesional y terapeuta holística, y tengo respuestas para ti. Durante mis años profesionales adquirí conocimientos que incluyen tratamientos alternativos no tradicionales que cambiaron mi vida y mi salud, así como las de las personas a las que los aplico. Tengo peritaje en adicciones, terapias psicológicas cognitivo-conductuales, hipnosis, desarrollo organizacional, manejo del dolor emocional, consejería en nutrición y alimentación consciente. Me certifiqué en terapias holísticas de sanación como yoga, masaje terapéutico, reiki, ayurveda y terapias mente-cuerpo.

Al principio, trataba de ayudar a otros con terapias tradicionales enfocadas en esconder los síntomas de las condiciones de salud y enfermedades. Sin embargo, me di cuenta de que la sanación se trataba de algo más. Tuve una introspección sobre mi vida, la pérdida de mi madre, ser víctima de violencia doméstica y sentir en carne propia el apagón emocional. La vida me fue mostrando un camino de bienestar. Tuve un despertar que vino de una fuerza más grande, Dios, el Todopoderoso, el universo. Entonces, incorporé todo lo aprendido durante mis años de estudios sobre las terapias holísticas de sanación para ayudar a sanarme a mí y a las personas que solicitan mis servicios.

Trabajé como terapista de adicciones en un hospital y atendí a pacientes de salud mental con situaciones difíciles, como problemas económicos, con su pareja o familia, laborales, de salud, entre otros. A pesar de sus dificultades, no se daban cuenta de que su adicción estaba afectando todos los aspectos de su vida. Pensaban que cada problema era independiente, sin embargo, estaban relacionados con su adicción a sustancias, alcohol o conductas adictivas. Una vez que las personas comenzaban el tratamiento y resolvían su adicción, automáticamente todo en su vida cambiaba.

En ese trabajo me topé con que los que más necesitaban ayuda con sus cargas mentales y emocionales eran los que ofrecían cuidados: enfermeras, doctores, terapeutas, técnicos, etcétera. Estas personas se sobrecargaban al punto de afectar su salud mental y física. Sin, embargo, continuaban ofreciendo sus servicios ignorando cómo se estaban enfermando.

Puede que te identifiques con la siguiente historia. Lani es una enfermera de cuarenta y cinco años que trabaja con pacientes de salud mental. Recuerdo que Lani llegó a mi espacio llorando y tenía un aspecto decaído, de cansancio, con una actitud de fracaso. Me dijo, «no puedo más, estoy apagada, ya no veo la chispa en las cosas que disfrutaba, no tengo motivación ni energía y no sé qué hacer». Lani no había superado los traumas que tuvo en su vida con el abandono de su padre, la muerte de su hermano en un trágico accidente de auto y el estrés constante de su trabajo.

Luego de años de tratamientos y medicinas como analgésicos, antidepresivos, relajantes musculares, niveladores del sistema nervioso e inyecciones de cortisona que empeoraban su calidad de vida, desarrolló problemas en su sistema digestivo, en la piel y con su peso. El apagón que Lani experimentó se convirtió en la enfermedad de fibromialgia. Esa es una condición crónica y compleja que afecta la fascia y causa síntomas de dolor generalizado, cansancio, trastornos del sueño, depresión y ansiedad, entre otros.

En mis intervenciones considero al ser humano como un todo, de manera holística. No me enfoco en etiquetas de diagnósticos ni en la enfermedad, sino en la sanación y esperanza del potencial que tiene la persona.

Este acercamiento ha ayudado a médicos, altos ejecutivos de empresas, artistas, dueños de negocios y deportistas, entre otros, a estar más conscientes de que su composición es física, mental y espiritual. Juntos trabajamos problemas emocionales como ansiedad, estrés, depresión, traumas, insomnio, adicciones y problemas de salud. Finalmente, aprenden a aplicar las terapias por su cuenta.

Vivimos en una sociedad de enfermedad y, en la mayoría de las veces, las personas y los profesionales no buscan ayuda antes de que su situación sea mucho peor. Lamentablemente, cuando ya no pueden más y se sienten fundidos como Lani, buscan una ayuda inmediata, «la píldora mágica» que les quite su malestar. Luego se dan cuenta que se enferman aún más, dependiendo de medicinas y gastando dinero en terapias que no van a la raíz del problema, sino que esconden los síntomas.

Es como un círculo vicioso. Dependes de sustancias químicas para sanar, e incluso, las sustancias controladas y el alcohol pueden parecer que «alivian» temporalmente ese dolor, pero esas cosas son las que te mantienen mal.

Con las estrategias de este libro verás que puedes lograr la sanación activando la medicina que hay en tu mente y en tu cuerpo y realzando el ser espiritual que eres.

Aunque no es una varita mágica, creo firmemente que comenzarás a ver los resultados desde el principio, y así podrás disfrutar de tu vida y trabajo encendiendo tu chispa interior y la alegría de vivir.

Este libro está dirigido a ti, que eres un profesional de la salud, un alto ejecutivo o tienes tu propio negocio. Tú, que tienes tu salud física y emocional drenada por el estrés del trabajo, enfermedades, experiencias traumáticas y dificultades de la vida. Si buscaste ayuda con tratamientos tradicionales y no encontraste un alivio a tu malestar, con este libro transformarás tu vida en bienestar, salud y plenitud. Además, tendrás mejores resultados con las estrategias que te presento.

En este libro no solo encontrarás la receta de la sanación del apagón emocional, sino que además tendrás ejercicios prácticos, meditaciones, afirmaciones y guías para que comiences a sanar desde el principio, desde la raíz, conectando con la medicina que hay en ti.

El libro está dividido en dos partes. En la primera parte conocerás qué es un apagón emocional, identificarás sus etapas y tendrás estrategias para manejarlo. También, entenderás que quedarte donde estás no te ayuda a hacer los cambios necesarios relacionados a tu apagón.

Tendrás ejercicios prácticos para ayudarte a internalizar esta información. Los encontrarás bajo el título de **Momento de conectarte.**

En la segunda parte te presento las **autoterapias para reconectar tu mente, cuerpo y espíritu**, que te van ayudar a tener un balance en tu salud y en tu vida y a transformar tu apagón emocional. Estas terapias buscan sanar de manera integral todos los aspectos de la persona: psicológico, físico y espiritual. Aprenderás sobre:

- el rol de la energía interna y externa y cómo afecta nuestro bienestar positiva o negativamente,

- el poder de los pensamientos y la conducta,

- el rol de la espiritualidad en tu vida, y

- el secreto para hacer cambios significativos de adentro hacia afuera para tu mente y cuerpo, en fin, para que te sientas más saludable y feliz.

En cada capítulo tendrás ejercicios de práctica que incluyen meditaciones y mantras. Las meditaciones las puedes grabar y relajarte para escucharlas, mientras que los mantras los debes repetir todos los días para que tengan efecto y crear cambios en los pensamientos y las conductas. Los ejercicios de la segunda parte se llaman **Momento de recargar.**

Utilicé la analogía de la electricidad, ya que nuestro cuerpo y mente trabajan con la energía de la sangre, el corazón, las células, los pulmones, el cerebro y todos los sistemas del cuerpo. Cuando esa energía se sobrecarga, tu cuerpo y tu mente no van a funcionar de la misma forma y la energía se agota. Lo mismo pasa con la electricidad, que requiere de una fuente para generar energía y distribuirla a todas las áreas que la necesitan. Si se genera demasiada energía, se sobrecargan los sistemas y se queman, dejando al sistema sin corriente eléctrica y causando daños que cuestan mucho dinero y esfuerzo para reparar.

Espero que lo que encuentres en estas páginas te sirva de alivio para descubrir más sobre ti, recargar tu energía y sanar tus emociones. Este libro te ofrece una receta de sanación natural sin medicinas químicas, alcohol, sustancias controladas o tratamientos costosos. Espero que puedas activar la medicina que hay en ti, encontrar luz, sanar y transformar tu vida. Si te permites esta nueva experiencia y te sumerges en la información que te ofrezco, verás tu salud, trabajo, espiritualidad y mundo desde una perspectiva de amor, compasión, abundancia y éxitos infinitos.

Me hubiera gustado tener un libro como este cuando lo necesitaba. Este libro está escrito desde mi perspectiva y experiencia profesional y personal. Espero que disfrutes de este camino de sanación y que puedas encender la luz que hay en ti, así como Lani y los demás profesionales que he ayudado lo hicieron y lo continúan haciendo. ¡Namaste!

Parte 1:

¿Qué es un apagón emocional?

El cortocircuito

Alberto es un fisiatra que ayuda a sanar el dolor físico y problemas musculoesqueletales de sus pacientes. Era un médico entusiasta, le gustaba ayudar a todos. Creó una fundación para deportistas y tenía una práctica muy exitosa. En su oficina tenía colegas profesionales que lo ayudaban en los tratamientos con los pacientes. Pero, en un momento determinado, los que debían ayudarlo ya no lo hacían y no se atrevía a solicitar ayuda, así que se cargó de trabajo y no tenía vida ni descanso. Poco a poco, Alberto comenzó a drenarse y se dio cuenta de que su mente ya no funcionaba como antes. Sus pensamientos eran desorganizados, así como su manera de expresarse. Tuvo un cortocircuito en su cerebro que le estaba afectando sus emociones y salud física. Tenía dolor generalizado en su cuerpo y padecía de migrañas. Determinamos que lo que estaba experimentando era un apagón emocional.

¿Cómo el cerebro puede tener un cortocircuito? El cerebro contiene neuronas que se comunican por medio de impulsos químicos llamados neurotransmisores. Nuestro estilo de vida afecta estos neurotransmisores. Cuando existen unas demandas externas, como el exceso de estrés, los químicos que tienen que ver con las emociones no funcionan efectivamente, ya que la comunicación entre neuronas se interrumpe. Entonces, se afectan funciones cognitivas o mentales que a su vez afectan la comunicación con todo el cuerpo.

Lo que realmente se experimenta en el estrés es la respuesta de lucha o huida que se activa como parte del sistema simpático, una parte del sistema nervioso autónomo que se encarga de preparar al cuerpo para la acción en situaciones de estrés o peligro. En esta respuesta, comienzas a experimentar un aumento en las palpitaciones del corazón y la respiración, sientes tensión en los músculos y se liberan sustancias químicas como el cortisol y la adrenalina que te ayudan a estar alerta, despierto y en guardia.

Es importante que tu cerebro reaccione de esta manera para motivarte a realizar tu trabajo o enfrentar una situación. O sea, esta respuesta es normal. Por ejemplo: tu trabajo exige una cantidad de horas, esfuerzo y productividad, lo cual te activa el sistema simpático para poder cumplir con tus responsabilidades. Cuando la situación externa que te provoca tensión desaparece, tu cuerpo vuelve al estado de homeostasis, que es un equilibrio de autoregulación de las funciones fisiológicas. Entonces, ya no te sientes con tensión.

¿Cuándo el estrés es un problema? Cuando enfrentas situaciones estresantes constantes, continúas viviendo y trabajando de forma automática y no haces nada para llegar a una relajación y bajar tus revoluciones.

Entonces, comienzas a experimentar otras señales que son incómodas como: dolores de cabeza, problemas para dormir, dificultad para concentrarte, coraje, problemas digestivos y baja motivación, en fin, lo que se conoce como apagón o fatiga crónica. Estas señales pueden continuar a largo plazo y podrías desarrollar problemas de salud serios como enfermedades cardíacas, lesiones musculoesqueletales, depresión, ansiedad y ataques de pánico, úlceras, pobre funcionamiento inmunológico, abuso de alcohol, sustancias y hasta pensamientos de suicidio.

Los efectos que el estrés acumulativo tiene a nivel de nuestro cerebro es como un cortocircuito. El diccionario de Wordreference define el cortocircuito como un fenómeno eléctrico que se produce accidentalmente por contacto entre los conductores y suele determinar una descarga[1]. Esto es lo que pasa con el cerebro, experimenta un cambio brusco en su funcionamiento cuando la persona enfrenta una situación estresante.

Al tener este cortocircuito, la persona comienza a experimentar problemas de concentración, memoria, bloqueos mentales, problemas para dormir, entre otras funciones importantes para discernir y tomar decisiones. Del mismo modo, cuando la persona experimenta demasiado **estrés**, la hormona de cortisol envía una cantidad mayor a la necesaria en ese momento y el cuerpo comienza a experimentar molestia y dolor cuando la tensión ha bajado. El resultado de estos procesos químicos lleva al apagón emocional.

¿A qué me refiero con apagón emocional? En el manual The Oxford Handbook of Organizational Well-Being de 2009, la psicóloga Christina Maslach y colaboradores expertos en el área de lo que llamo apagón emocional lo definen como esa sensación de agobio, cansancio extremo, fatiga crónica y falta de concentración[2]. Es la frustración de no poder hacer nada, sentirte bloqueado y experimentar emociones de tristeza, desasosiego y desesperanza a pesar de todas las cosas que haces para tratar de sentirte bien. El Western Governors University describe que el apagón también afecta la salud de la persona, desarrollando hipertensión, migrañas, problemas digestivos, diabetes, problemas respiratorios y muerte prematura[3].

¿Por qué puedes terminar en un apagón emocional? Al no manejar el estrés de manera saludable y preventiva, empieza a acumularse y comienzas a experimentar los síntomas.

Los profesionales tienden a trabajar automáticamente, como máquinas. Se envuelven en una rutina diaria y no recuerdan que tienen necesidades y que deben parar para descansar, tomar tiempo de ocio, tomar vacaciones y cuidar de su cuerpo y de su mente.

Incluso, en muchas ocasiones la manera de alimentarse no cubre sus necesidades y demandas de acuerdo a su trabajo y al gasto de energía mental y física que experimentan. La persona que sufre un apagón se siente desconectada de sus emociones y comportamiento y no lo asocia con la cantidad de estrés que está experimentando.

Ahora, voy a hacer un ejercicio contigo. Busca un lugar cómodo y seguro donde puedas seguir mis instrucciones sin preocupaciones.

Momento de conectarte

Conexión 1: Habla con tus células aquí y ahora

Cada vez que sientas un cortocircuito en tu mente y cuerpo, habla con tus células. Te invito a ponerte cómodo, cierra los ojos y conecta con tu respiración. Luego, imagina que tus células son como pequeños trabajadores, envíalos a esas áreas de tu cuerpo donde necesites atención y declara la siguiente frase:

Confío en la capacidad que tienen mis células de sanar mi cuerpo y mi mente, aquí y ahora. Tengo la capacidad de sentirme tranquilo o seguro. Ordeno a mis células a que trabajen hacia mi bienestar total y que mi cansancio físico y mental desaparezca.

Conexión 2: Mantras

Repite los siguientes mantras varias veces, en tu mente o en voz alta, para crear una conexión mental con cada una de ellas:

Reconozco y acepto el silencio y la quietud en mi vida.

Las respuestas a todas mis preguntas están en mi interior.

Me acepto y me valoro tal como soy, con amor y gratitud.

¡Se fue la luz!

Cuando una persona está en un cortocircuito mental, se le hace difícil expresar lo que le pasa y cómo se siente. Este es el caso de Mario, un ginecólogo que trabajaba largas horas y tenía más de un empleo. A causa de la carga que había puesto en su vida y su cuerpo, sufrió un derrame cerebral. Se sentía impotente y deprimido, ya que su cuerpo cambió y no podía hacer las cosas de la misma manera.

Al tiempo de atender su situación conmigo, pudo entender que sufría de apagón emocional y que eso lo llevó al desenlace del derrame. Lo primero que Mario hizo fue identificar la etapa del apagón en la que se encontraba, para luego dar paso al proceso de terapia y recuperación.

Esta información es importante, ya que el apagón emocional no ocurre de una vez. Tal y como hablamos anteriormente, hay muchas pequeñas cosas que se unen para causar el cortocircuito, que a su vez te lleva a un apagón total. Por lo tanto, el apagón es la culminación de varias etapas que afectan tu salud y drenan tu energía.

Para trabajar con tu cortocircuito es importante que identifiques primero en cuál de esas etapas estás. A continuación, te presento una autoevaluación para que puedas saber en qué etapa te encuentras. Además, proveo estrategias para vencer esas dificultades que afectan tu salud física y mental y que estancan tu proceso de sanación.

Autoevaluación de las etapas del apagón emocional

Selecciona la aseveración que más se acerca a cómo te sientes en este momento en relación a tu trabajo y responsabilidades. No te preocupes por las letras en la tercera columna: esas se explicarán al final del ejercicio.

Aseveración	Marcar con (X)	
1. Cometo muchos errores, se me olvidan fechas y detalles importantes.		F
2. No puedo pensar y me siento agotado mental y físicamente.		I
3. El estrés provoca que mis emociones estén exaltadas y siento que voy a explotar.		T
4. Siento tensión en la cabeza y músculos o tengo problemas digestivos.		T

5. La sobrecarga de mis responsabilidades afecta mis emociones.		F
6. Tengo una sensación de sufrimiento parecido a la pérdida o el duelo.		D
7. Tengo falta de motivación, me siento agotado y no sé cómo sentirme bien.		F
8. Aunque estoy haciendo un esfuerzo, me siento impotente y no veo resultados positivos en las cosas que hago.		F
9. Me siento alerta, activo y en control al hacer mis tareas.		M
10. Tengo cambios de ánimo que varían entre ansiedad y tristeza.		I
11. Quiero descansar, y aunque trate de dormir siento que no puedo reponer el agotamiento.		D
12. Mis emociones están balanceadas cuando realizo mis tareas diarias.		M
13. Tengo problemas de concentración, comunicación y memoria.		T
14. Cuestiono mi capacidad de hacer bien mi trabajo y cumplir con mis tareas y responsabilidades.		I
15. Considero que el estrés me ayuda a sentirme motivado para llevar a cabo mis responsabilidades.		M

16. Experimento migrañas.		D
17. Me siento sobrecargado y no sé cómo salir de la situación.		T
18. Me siento desconectado y estancado.		I
19. Me siento frustrado y no puedo cumplir con mis responsabilidades.		F
20. Cuando estoy bajo estrés, tomo acción fácilmente.		M
21. Tengo cambios en mis patrones del sueño o apetito.		D
22. Siento incomodidad y malestar en mi cuerpo y mi mente cuando estoy en estrés.		T
23. Nada me importa y tengo desinterés e indiferencia en lo que antes era importante para mí.		I
24. Siento entusiasmo por completar mis tareas, actividades o responsabilidades.		M
25. Siento dolor en mi cuerpo y hasta pensar me provoca dolor.		D
26. Me siento desesperado, con coraje y experimento ansiedad fácilmente.		F
27. Tengo problemas interpersonales con compañeros de trabajo, amigos o familia.		T

28. Evito hacer mis actividades diarias usuales.		I
29. Cuando estoy bajo estrés, una vez completo mis tareas, puedo llegar a relajarme fácilmente.		M
30. Siento que nada tiene sentido y tengo pensamientos de hacerme daño.		D

Una vez termines de seleccionar las aseveraciones que describen cómo te sientes, suma todas las «M» y coloca el número en Etapa de motivación, las «T» en Etapa de tensión, las «F» en Etapa de frustración, las «I» en Etapa de indiferencia y las «D» en Etapa de dolor.

- Etapa de motivación: ....
- Etapa de tensión: ....
- Etapa de frustración: ....
- Etapa de indiferencia: ....
- Etapa de dolor: ....

La puntuación más alta es la etapa que estás experimentando.

¿En cuál etapa te encuentras? En las etapas del apagón experimentas síntomas físicos y psicológicos por una acumulación de acontecimientos que producen estrés constante. No es algo que ocurre de la noche a la mañana, sino que se va desarrollando a través del tiempo. En mi práctica observo todas esas etapas, y su duración depende de la persona y de la situación. No hay un tiempo definido para cada una de ellas, pero sí ocurre una detrás de la otra. Luego de cada etapa, te presento estrategias para que tomes acción en cada una de ellas.

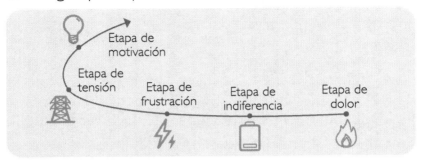

Etapa de motivación

Digamos que eres un alto ejecutivo de una empresa multinacional y tienes que entregar un informe a la junta de directores para el viernes. Es martes y tú y tu equipo todavía tienen mucho por hacer para poder completarlo. Esto te provoca estrés.

Nuestro cerebro experimenta cambios para tomar acción ante una situación o estímulo que nos provoca estrés. Esos cambios ayudan a motivarte para hacer tus tareas y cumplir con tus responsabilidades. En cierto modo, sientes entusiasmo por completar tus tareas para que la tensión baje y te sientas bien.

Una vez la tensión baja, se activa el nervio vago, que es parte del sistema parasimpático. El sistema parasimpático es una parte del sistema nervioso que controla funciones automáticas del cuerpo en situaciones de descanso y relajación, como la digestión y la disminución de la frecuencia cardíaca y la respiración. Cuando la tensión baja, los latidos y la respiración vuelven a su estado normal, la digestión mejora, hay una dilatación de los vasos sanguíneos, los músculos se relajan y te sientes tranquilo.

Entonces, ¿por qué debes manejar el estrés? Aunque el estrés provoca resultados positivos, en sí es un indicador de sobrecarga que se debe mantener bajo control para evitar saltar a la próxima etapa del agotamiento.

Estrategias para la etapa de motivación

El secreto de manejar el estrés es estar consciente de lo que estás experimentando. Eso suena lógico, pero en los momentos estresantes es posible que no tengas la claridad de pensamiento como para determinar que, en efecto, estás estresado.

- Está consciente de tus síntomas de estrés y mantén un balance entre tu trabajo, tu vida privada, tus responsabilidades y tu salud.

- Toma tiempo libre para divertirte, relajarte y cuidarte.

- Usa ejercicios de respiración, cerrando tus ojos y retirándote a un lugar tranquilo por unos minutos todos los días.

- Organiza tus tareas y tiempo en un calendario o en una libreta.

- Puedes hacer un *to do list* o lista de cosas por hacer diariamente, o dividir tus tareas por fases a corto, mediano y largo plazo. De este modo, puedes identificar el tiempo y las actividades que debes dedicar a tus responsabilidades y a tu autocuidado. Las palabras claves son organización y balance.

Etapa de tensión

En el caso de Mario, el ginecólogo que tenía varios empleos, él se sentía sobrecargado y no sabía cómo salir de la situación. Comenzó a tener problemas de concentración, memoria y comunicación, y sus emociones estaban exaltadas. Finalmente, sufrió un derrame cerebral.

Si cuando sientes estrés no puedes reducir tus niveles de tensión y continúas acumulándolo, tu cuerpo y mente experimentarán incomodidad y malestar. Mientras escribía este libro, me di cuenta de que tenía muchas cosas en mi plato. Tenía dos trabajos, estaba haciendo clases de yoga, talleres por internet, los quehaceres de la casa y no tenía tiempo de descanso. Comencé a experimentar tensión en la cabeza, los músculos y problemas digestivos. Estaba consciente de que, si no hacía algo para manejar esta tensión, la situación podía empeorar. Entonces, decidí soltar. Dejé parte de lo que estaba haciendo y tomé unas vacaciones. Llegué renovada, y comencé a tomar tiempo para mí, para descansar, pasear y meditar. Ahora estoy centrada en escribir y en hacer solo algunas cosas. Luego retomo lo demás poco a poco, una cosa a la vez, un día a la vez.

A veces, queremos hacer muchas cosas para sentirnos productivos y pensamos que si no hacemos nada, somos perezosos. Pero te tengo una noticia: hacer muchas cosas al mismo tiempo durante momentos de estrés solo te apaga, como a las computadoras.

Nuestro cerebro, al igual que las computadoras, tiene una capacidad limitada para hacer varias cosas al mismo tiempo. Cuando intentas hacer más de una cosa a la vez, tratar de solucionar problemas o manejar el estrés se vuelve muy difícil y algo inevitablemente saldrá mal en alguna de las tareas. En momentos de estrés, tu atención también se afecta, y no podrás hacer tus tareas de manera efectiva. Incluso, podrías tener problemas interpersonales con tus compañeros de trabajo, amigos o familiares.

Estrategias para la etapa de tensión

Aquí vas a utilizar estrategias cuyo propósito es simplemente bajar la tensión. Son cosas que quizás no te pasan por la mente cuando estás tenso, pero si reconoces la tensión y practicas estos pasos, puedes evitar saltar de esta etapa a la próxima.

- Pon límites y aprende a decir que no. Esto te va ayudar a tener más energía para hacer las cosas que realmente son importantes y a ser más productivo.

- Cuando descubras tus límites, identifica tus sensaciones físicas y emocionales para comprender tu experiencia interna y tomar decisiones más informadas sobre lo que puedes y no puedes hacer.

- Pide apoyo a quien le puedas delegar algunas de tus tareas o responsabilidades. Por ejemplo, si se te hace difícil cumplir con las tareas del hogar, haz una lista de las cosas que puedes manejar y las que no. Contrata a alguien que pueda hacerlo o pide ayuda a algún miembro de tu familia. Simplifica, divide el trabajo en tareas o problemas más pequeños y asígnale un dueño, una fecha límite y recursos para que puedas estar más enfocado en hacer una cosa a la vez.

- Utiliza un diario, que es una manera de externalizar lo que sientes al escribir tus pensamientos y emociones. Esto te ayuda a organizar tus ideas. Lo que estás haciendo con esta estrategia es «vaciar» la sobrecarga que tienes en la mente.

- Habla con alguien de confianza sobre cómo te sientes. Créeme, hablar es una de las mejores herramientas para sentirte bien.

- Aprende a imaginar que los resultados que conseguirás en tu vida, trabajo y salud son positivos. Al visualizar un resultado positivo, reactivas las zonas de relajación, te motivas y te llenas de esperanza. Aunque el resultado final no sea exactamente como lo imaginaste, te sentirás seguro en el camino.

Etapa de frustración

Estela es una joven empresaria que comenzaba su negocio de hacer páginas de internet y también estudiaba administración de empresas. Aunque tenía mucho éxito en su carrera, reconoció que la sobrecarga de sus responsabilidades le estaba afectando y se sentía frustrada. Contrató a varias personas para que la ayudaran, pero sentía que de todos modos no podía cumplir con los trabajos de sus clientes en el tiempo programado.

En sus sesiones conmigo, identificamos que lo que la afectaba era su ansiedad. De acuerdo a su descripción, la ansiedad la paralizaba y esto la ponía triste. Tenía falta de motivación y energía. Se sentía agotada y no sabía cómo cambiar su situación para sentirse bien, estaba como perdida. En esta etapa, aunque estés haciendo un esfuerzo, te sientes impotente y no ves un resultado positivo en tus estados de ánimo. Comienzas a sentirte desesperado, con coraje. Te das cuenta de que estás cometiendo errores y se te olvidan días, fechas y detalles importantes.

Estrategias para la etapa de frustración

La estrategia aquí es PARAR. Sí, parar. Es momento de tomar un descanso, ya sea tomar unos días libres, vacacionar o viajar. Cuando tomas este tiempo para «recargar», puedes estar más consciente de tus emociones y pensamientos negativos.

Parte del plan de tratamiento que Estela y yo delineamos para manejar sus síntomas, que también te propongo, es el proceso de **PEPA**, que es un acrónimo de lo siguiente:

- **P**arar: Reconoce cómo te sientes y lo que piensas. Aquí también puedes utilizar el diario para escribir tus emociones y pensamientos.

- **E**star consciente y presente: Cada vez que hagas algo, haz solo eso. Conecta con el momento en que vives, aprendiendo a hacer una cosa a la vez y a estar en un lugar a la vez. Recuerda que lo que realmente existe es el momento presente. Toma este momento para estar contigo y practicar el autocuidado, comer saludablemente, tomar mucha agua, hacer meditaciones, yoga, tomar un masaje o hacer algo que te haga sentir vivo y con energía.

- **P**ensar en tomar nuevas decisiones. En este momento descansa y piensa en cambiar cómo estás haciendo las cosas. ¿Lo que estás haciendo en tu vida o trabajo te da felicidad y entusiasmo? Si no es así, reinvéntate y toma nuevas decisiones.

- **A**cción. Es el momento de tomar acción y llevar a cabo esas nuevas decisiones que tomaste en tu descanso. También, una vez regreses, continúa practicando las estrategias de **PEPA**. La perseverancia, motivación y esperanza te van ayudar a sentirte bien contigo y con lo que haces.

Etapa de indiferencia

Alberto, el fisiatra, describía que se sentía desconectado, estancado, no podía pensar y se sentía agotado mental y físicamente. Pensar en levantarse para enfrentar su día de trabajo era muy retador.

En esta etapa sientes que nada te importa y comienzas a enfrentar desinterés e indiferencia en lo que antes era importante y lo que te rodea. Cuestionas tu capacidad para hacer tu trabajo y se te hace difícil enfrentar tu día a día. Los sentimientos de tristeza te atacan y tratas de evitar cualquier contacto con tus actividades diarias.

Estrategias para la etapa de indiferencia

Como puedes imaginar, ya en esta etapa es necesario tomar acción. Una vez identifiques esos síntomas que describí anteriormente, usa los siguientes pasos para salir de esos sentimientos de indiferencia e impotencia.

- Busca ayuda, esa la clave para salir de la indiferencia. Habla con tus seres queridos y con personas que puedan **escuchar sin juzgarte.** Ellos pueden tener algunas ideas y sugerencias para que puedas superar esta etapa. A veces, cuando estamos atrapados en situaciones estresantes y no vemos una solución, hablar con alguien más nos da una perspectiva diferente, porque pueden mostrarnos lo que no estamos viendo.

- Acude a un profesional de la salud, ya sea tu médico de cabecera, un consejero o psicólogo. Recuerda que todos en algún momento de nuestras vidas necesitamos ayuda, esto no es de débiles. Se requiere valor, no debilidad, para reconocer que puedes mejorar y que no tienes que hacerlo solo.

Etapa de dolor

En esta etapa el dolor se convierte en una herida, porque recibiste y aguantaste hasta que no pudiste más y te apagaste. No es solo cansancio mental y físico, sino que sientes dolor en todo tu cuerpo y hasta pensar te produce dolor. Te sientes muy triste y con una sensación de dolor interno, como si hubieras sufrido una pérdida. Te aíslas, quieres descansar, pero aunque duermas, no logras recuperarte. Tu cuerpo responde con dolores de cabeza, malestar estomacal, dolor en todo el cuerpo y te cuesta estar en pie o caminar. También tienes problemas para dormir, ya sea durmiendo mucho o poco, cambios en el apetito y baja autoestima.

En resumen, esta es la fase en la que te sientes completamente apagado y, si no buscas ayuda, puedes empezar a pensar que nada tiene sentido y que quieres hacerte daño. Lo que estás experimentando es depresión.

Estrategias para la etapa de dolor

En este momento, el tratamiento debe ser intensivo o de hospitalización para estabilizar tu depresión. Necesitas ayuda médica inmediatamente. Esta ayuda puede consistir en ver a un grupo de especialistas en salud física y mental que puedan ayudarte a hacer un plan de tratamiento individualizado para sanar a corto, mediano y largo plazo.

Existen diversos modelos de tratamiento: ambulatorio, donde se proveen citas de seguimiento; hospitalización parcial, donde recibes citas semanales por un periodo de tiempo pero regresas a tu casa al terminar el día; y hospitalización total, donde recibes un tratamiento más intensivo y estructurado para estabilizarte de forma inmediata. En cualquiera de estas modalidades de tratamiento, el seguimiento a largo plazo es clave.

En resumen, el apagón emocional tiene unas etapas que puedes mejorar incorporando unas estrategias que te ayuden a sobrepasar esa etapa. Es importante que sepas que:

1. No tienes que estar en todas partes ni hacer todo en un día. Enfoca tu atención en una cosa a la vez, en el momento presente, aquí y ahora.

2. En todas estas etapas del apagón emocional, la espiritualidad es clave. Si crees que hay una fuerza más

grande que tú y sientes que puede guiarte y ayudarte, conecta con esa fuerza. Puedes meditar, orar, visitar una iglesia, conectar con la naturaleza o abrazar un árbol. Camina descalzo por la tierra o sumérgete en el agua del mar para que te sientas tranquilo y relajado.

3. Observa lo que te rodea y practica el agradecimiento. Mira el atardecer y valora las cosas positivas que tienes en tu vida en este momento.

4. Evita recurrir a actividades y conductas que no son saludables, como el abuso de alcohol o sustancias controladas. Esas cosas alteran tu juicio y la capacidad de tomar decisiones.

5. Lo importante es que te mantengas estable en cualquier etapa en la que te encuentres y que puedas superar esta sensación de tensión y agotamiento que parece no tener fin.

Momento de *conectarte*

Conexión 1: Dialogando con tu apagón emocional

Para este ejercicio necesitas lápiz, papel y seguir estas instrucciones:

1. Cierra tus ojos y conecta con tu respiración. De esta manera accedes al subconsciente de tu mente, que te mostrará exactamente lo que es importante para ti en este momento.

2. Enfoca tu atención en tu apagón emocional o cualquier síntoma que estés experimentando.

3. Abre los ojos y comienza a escribir un diálogo con tu apagón emocional o con el síntoma que identificaste, como si fuese un libreto.

4. Anota la inicial de tu nombre y la inicial del síntoma para escribir el diálogo. Por ejemplo: Mi nombre es Vanessa, o sea que mi inicial es «V», y escogí el apagón emocional, así que la inicial es «A».

   V: ¿Por qué estás aquí?

   A: Te estoy haciendo compañía… Etc…

Es como un ping pong. Hablas con el síntoma y él habla contigo. El propósito de este ejercicio es conectar con tu síntoma y estar consciente de su presencia en tu vida. Aquí te ofrezco un modelo, pero puedes continuar el diálogo hasta donde quieras.

Tu inicial: ....
....
....
....
....

«A» o la inicial de tu síntoma: ....
....
....
....
....

Tu inicial: ....
....
....
....
....

«A» o la inicial de tu síntoma: ....
....
....
....
....

Tu inicial: ....
....
....
....
....

Conexión 2: Aquí y ahora

Puedes usar esta visualización si tienes que tomar decisiones importantes o solucionar problemas y eso te crea incertidumbre, frustración o estrés. La meta es que puedas enfrentar tus situaciones de una manera calmada, con esperanza y motivación. Usa todos tus sentidos en este ejercicio. Puedes leer la meditación o grabarla para experimentarla con los ojos cerrados.

1. Cierra los ojos y enfócate en tu respiración. Si prefieres no cerrar los ojos, mira hacia un punto fijo en el suelo.

2. Inhala por la nariz, llenando todos los espacios de tu abdomen, y exhala por la boca lentamente permitiendo que tu abdomen esté blando y relajado. Repite esta respiración tres veces.

3. Luego, permite que tu respiración vuelva a la normalidad, inhalando y exhalando por la nariz, a un ritmo calmado y regular. Enfócate en tu respiración por un momento.

4. Ahora, usa tu imaginación para visualizar el problema que enfrentas y visualízate en un punto del tiempo en el futuro cuando este problema ya está resuelto.

5. No importa cómo llegaste a ese punto, solo enfócate en el resultado positivo de ese problema resuelto y que sobrepasaste los obstáculos que se interponían en tu camino.

6. Usa todos tus sentidos para estar completamente presente en esta visualización, mirando tu entorno, escuchando, oliendo y sintiendo todo lo que está pasando en esta visualización del futuro. Identifica cómo se siente tu cuerpo y las emociones y sentimientos relacionados a esta experiencia.

7. Ahora, regresa lentamente al momento presente, a la conciencia, al aquí y ahora, al ahora y aquí. Cuando estés listo, puedes abrir los ojos.

Conexión 3: Mantras

Repite los siguientes mantras varias veces en tu mente o en voz alta para crear una conexión mental con cada una:

Me anclo en el momento presente y soy capaz de hacer una cosa a la vez, aquí y ahora.

Veo la vida con ojos de amor, motivación, energía, entusiasmo y hago mis tareas y actividades calmadamente.

Me abro a la experiencia de ser quien soy, sin competir, sin compararme y sin sufrir. Aprendo de la vida humildemente para ser una mejor versión de mí cada día.

Cambia tu programación

Ya identificaste la etapa de apagón emocional en la que te encuentras y sabes que tienes unas estrategias para manejar cada etapa. Aunque usaste algunas de las estrategias que te ofrecí para sobrepasar esa etapa, todavía falta algo. Estás en una ambivalencia, cayendo nuevamente en las mismas conductas donde no pones tus límites y no practicas el autocuidado.

Te doy un ejemplo: he observado que algunos de mis clientes, a pesar de querer bajar de peso, continúan comiendo lo mismo, visitando los mismos lugares de comida y probando dietas de moda, sin darse cuenta de que al cambiar su forma de comer, hacer ejercicio, pensar y actuar, pueden lograr un peso saludable.

¿Por qué no puedes cambiar?

Hay algo que se interpone y no te permite cambiar, que no te deja ver que eres humano y que debes tomar acción para no seguir perjudicando tu salud y tu vida. Aquí te explico lo que te pasa. La mente se divide en consciente, subconsciente e inconsciente. El **consciente** es lo que estás haciendo ahora mismo leyendo estas líneas. Es la parte de la mente donde estás alerta, despierto, pensando, conversando, viendo algún programa o película, tomando decisiones y resolviendo situaciones del diario.

El **subconsciente** es la parte de la mente donde están guardadas las memorias y las emociones de nuestras experiencias, positivas o negativas. Pero no sabes que están allí, afectando tu salud, pensamientos, emociones y las relaciones con otros. La parte **inconsciente** es cuando estás dormido o en coma, ya que no estás consciente de lo que está pasando en el momento presente.

Lo que pensamos del mundo de manera consciente influye en todo lo que pasa en nuestra vida. Puedes crear tu propia realidad cuando cambias tu manera de pensar y tu percepción sobre lo que ves del mundo, de las personas y situaciones que pasan en tu vida. Pero, lo que sabotea que puedas trascender a pensar de manera diferente es el ego de tu mente consciente.

Desde la perspectiva espiritual del yoga, el ego no es más que la propia mente queriendo interponer su criterio basado en lo que aprendió. No quiere aprender algo nuevo, le causa pavor. Te juzgas y juzgas a los demás. Construyes tu realidad basada en la sociedad y el «qué dirán» para tratar de ser como los demás. A esto yo le llamo la **matriz** *(matrix)*. En cierto modo, formas tu vida de acuerdo a lo que pasa en tu exterior en vez de enfocarte en tu capacidad de ser quien quieres ser.

Al dejarte llevar de esa matriz, que tiene un subconsciente colectivo, que se rige por las mismas cosas y cree que si eres diferente a la población general estás mal, el sufrimiento se apodera de tu vida. Sientes que no encajas porque tu subconsciente sabe que necesitas ser tú, pero no sabes cómo desligarte de esa matriz. Entonces pierdes tu identidad, tu esencia, dejas de tomar tus propias decisiones sin importar las opiniones de los demás, y eso te hace sentir culpable. Incluso, cuando haces algo para complacer a otro te sientes mal contigo mismo, porque no es lo que quieres para tu vida. Las decisiones que tomes en tu vida deben ser para sentirte bien contigo y no para dañarte, porque caes nuevamente en las trampas del ego. Entonces, no eres tú, porque sales de tu esencia espiritual y de bienestar para ser quien no eres.

El ego es el sabelotodo y crea sufrimiento, porque no te permite ser un humano auténtico, aceptando que está bien sentirse mal, no saberlo todo y no encajar en la matriz. Cuando vives consciente de tu ego actúas para ser un mejor ser humano a nivel espiritual. Esto no significa que el ego deja de existir. Siempre está ahí, tratando de sabotear tu progreso e interponiéndose entre tú y tu esencia. Entonces, se establecen otros factores que afectan tu calidad de vida tales como envidia, resentimiento, odio, tristeza, ansiedad, ira, entre otras emociones y conductas que no te dejan avanzar en tu evolución. Recuerda que el ego crea estas emociones para protegerse, pero no necesitas protección si estás seguro de quién eres, lo que quieres en la vida y lo que necesitas para ser feliz.

Tus padres y familiares, maestros, medios de comunicación, políticos, religiones y redes sociales generaron miedo e incertidumbre, estímulos ambientales que a menudo obstaculizan el cambio. Pero debes saber que eres un ser espiritual y si miras hacia adentro, descubrirás el potencial infinito que posees. Muchas veces estamos afuera, observando el mundo desde una perspectiva externa, sin darnos cuenta de que nosotros somos el mundo. En tu interior encontrarás que eres un ser de sabiduría, amor, paz e inteligencia ilimitada.

En mi práctica he visto de todo. Tuve a Antonio, un artista retirado que buscaba ayuda para lidiar con su adicción, depresión, ansiedad, problemas familiares, de pareja, problemas económicos, en el trabajo, problemas existenciales, de salud, coraje y culpa. Me di cuenta de que su situación necesitaba tratamiento a largo plazo. En la primera sesión, Antonio me dijo que necesitaba resolver todos sus problemas rápidamente. Le expliqué que necesitaba comenzar a hacer cambios en sus pensamientos, conductas y actitudes. Pero, al poco tiempo abandonó su tratamiento. Algunas personas piensan que hablar con un profesional de la salud o asistir a una sola terapia cambiará todo en ese momento y para siempre, como si fuera una solución mágica. Estas personas desean que todo en su vida cambie y se resuelva rápidamente sin esforzarse, sin darse cuenta de que no pueden cambiar al mundo ni a los demás, sino que solo ellas son las únicas capaces de cambiar.

Omayra, una maestra que estaba buscando ayuda para sus hijos, contrató mis servicios de consejería. En su casa todo era caos. Los niños no la respetaban ni cooperaban en el hogar. También mostraban un comportamiento desafiante en la escuela. Cuando investigué más a fondo, Omayra les gritaba y era autoritaria. Cuando le expliqué que era importante cambiar la manera de tratarlos y que debía negociar con ellos para reforzar las buenas conductas en vez de castigarles cada vez que hacían algo que ella no aceptaba, negó rotundamente mi sugerencia. Ella pensaba que estaba bien y que los niños estaban mal, así que dejó la consejería, pero luego continuaban las dificultades y se sentía desesperada.

Finalmente, optó por modificar la manera de tratarlos según mis sugerencias, aunque ya no estaba recibiendo mis servicios. Era más respetuosa al hablar, proveyó estructura y reforzó las buenas conductas. Sus hijos se sentían más tranquilos y había armonía en el hogar. Omayra cambió la forma en que trataba a sus hijos y ellos también cambiaron. Si nosotros cambiamos nuestra conducta, los demás cambiarán la forma en que nos tratan y se comportan con nosotros. En resumen, somos nosotros quienes reforzamos las conductas que no nos gustan en los demás.

¿Cómo puedo cambiar mi programación mental?

Lani, la enfermera, aprendió que la programación que traía de niña la había llevado al sufrimiento y a no reconocer su potencial de sanación. Cayó en las trampas del ego, caminando con la matriz. Cuando renunció a lo que no quería seguir cargando y se sumergió en una vida espiritual de paz, amor, compasión, prosperidad y abundancia, pudo seguir su propio camino y soltar los patrones limitantes que su familia le había impuesto. A veces, pensamos que porque nuestra familia es de una manera tenemos que ser iguales a ellos, cargando las mismas costumbres limitantes y hasta las mismas enfermedades. Aunque es importante reconocer que todas las enfermedades pueden ser heredadas, tú puedes hacer cambios en tu salud, mente, cuerpo y vida para no continuar con estos patrones familiares.

Debes ser consciente de que gran parte del comportamiento de la gente, incluyendo el de tu familia, se debe a su programación mental. Es como si estuvieran dormidos o tuvieran un velo que les impide ver la realidad tal y como es.

Pero, ¿cuál es la realidad? Es cuando decides renunciar a seguir los mismos patrones de pensamiento y comportamiento de los demás y descubrir tu propia esencia y valores. Entonces te darás cuenta de que estabas dormido.

Hace un tiempo, mientras me formaba como maestra de yoga, mi gurú, Edith Torres (Mahadevi) me asignó ver un documental de Depak Chopra llamado *Las siete leyes espirituales del éxito*, basado en su libro con el mismo nombre. Este documental me abrió los ojos, y comprendí que llevaba mucho tiempo dormida. Entendí que yo creo mi propia realidad estando consciente de lo que pasa dentro de mí y de lo que me rodea de una manera curiosa, como si estuviera viendo todo por primera vez.

Aquí es donde realmente desperté y sentí frustración. Pensé: «Creía que tenía que ser como los demás, pero hoy decidí cambiar y despertar. Quiero que todos lo sepan y que la gente también despierte». Sin embargo, luego comprendí que hay un propósito espiritual por el cual las personas necesitan pasar por esa programación. Aprendí que existe una transformación del espíritu, que es una forma de energía, y que cuando morimos, nuestro cuerpo perece, pero esta energía espiritual se transforma. Así que hay un karma, y las personas pagan por su karma negativo sufriendo al ser parte de esta «realidad ficticia» impuesta por la matriz.

Es importante reconocer que para que exista un cambio en nuestro entorno, la comunidad y el planeta, debe haber un cambio en ti primero, porque el cambio se da de adentro hacia afuera.

Según la Real Academia Española, la definición de cambio es: Dejar una cosa o situación para tomar otra. Cambiar de nombre, lugar, destino, oficio, vestido, opinión, gusto, costumbre. Convertir o mudar algo en otra cosa, frecuentemente su contraria. Cambiar la pena en gozo, el odio en amor, el llanto en risa[4].

A veces las personas piensan que cuando algo está mal, la culpa es de los demás. Deciden que los políticos son los que deben cambiar, o los hijos y familiares, colegas de trabajo y así sucesivamente. Pero nunca asumen la responsabilidad de lo que ellos mismos deben cambiar. La verdad es que no quieren hacerlo. Tal vez tienen miedo o incertidumbre acerca de cómo resultará todo, pero si no lo intentan, nunca lo sabrán.

Puede que pases la vida queriendo ser mejor persona, o más delgado, más inteligente, más espiritual, más patriótico. A lo mejor criticas a otros justificando tus acciones y no aceptando opiniones o criticas constructivas de profesionales porque lacera tu ego. Sí, tu ego, porque todo esto de no cambiar tiene que ver con el ego. Si ves al ego como un espectador en vez de lo que controla tu vida, puedes separarte de la matriz, quitarte el velo y ver que eres capaz de hacer cosas maravillosas con tu cuerpo, mente y espíritu. Si continúas haciendo lo que los demás hacen, comiendo lo que los demás comen y diciendo lo que los demás dicen, nunca verás la esencia de lo que eres sino que serás una copia, más de lo mismo, aportando a los mismos problemas una y otra vez.

Rebecca era trabajadora social y estaba muy preocupada por su salud. Lamentablemente, padecía obesidad debido a su alimentación poco saludable y su falta de tiempo para hacer ejercicio por dedicarse solo a su trabajo. Después de que le diagnosticaron cáncer, logró recuperarse gracias a cambios en su estilo de vida y dieta, recomendados por su médico. Sin embargo, volvió a sus antiguos hábitos de comer alimentos poco saludables en exceso, como carne, azúcar, alcohol y comidas que habían sido la causa de sus problemas de salud.

Cambiar no es fácil, ya que implica deshacerse de viejas costumbres, personas y comportamientos tóxicos. Además, a veces también debemos lidiar con memorias y emociones dolorosas que nos hunden más en la enfermedad y miseria. Pero, aunque no sea fácil, cambiar es liberador y sanador.

Debes cambiar ese chip mental y empezar a pensar de manera diferente. En lugar de quejarte de todo, aprende a ser agradecido por todo lo que tienes. El agradecimiento te hará más humilde, compasivo y te ayudará a entender el mundo de una manera diferente. Te darás cuenta de que todo tiene un propósito. Tu cerebro te ha ayudado a adaptarte en los momentos más difíciles y tienes la capacidad de ser resiliente una y otra vez.

No significa que no te importe lo que pasa o que no te afecte, pero puedes ver las cosas desde otra perspectiva más consciente y presente. Si te concentras en lo que tienes y no en lo que te falta o en lo que te está sucediendo, se abren otras posibilidades de cambio. Recuerda que si no existe en tu mente, tampoco existirá en tu vida.

Por otro lado, te das cuenta de que has buscado muchas cosas para ser feliz, pero aún no lo eres. Quizás piensas, «cuando me gradúe seré feliz», «cuando me case», «cuando tenga hijos», «cuando tenga la casa o el trabajo de mis sueños», «cuando tenga dinero». Pero la verdad es que estás esperando toda la vida por algo para ser feliz, y esas son las trampas del ego.

No necesitas que pase algo para ser feliz, porque la felicidad es una decisión que puedes tomar en tu interior, independientemente de las circunstancias que te presente la vida. En lugar de enfocarte en lo que te falta, comienza a apreciar lo que ya tienes y decide ser feliz ahora.

Esto de la felicidad me recuerda la historia del Dr. Viktor Frankl[5] un neurólogo austriaco que tuvo experiencias traumáticas y de dolor, pero vivía con una perspectiva humanista de esperanza. La historia del Dr. Frankl me impactó grandemente. Él y su familia eran judíos, vivieron la era del holocausto y fueron deportados a un campo de concentración. Allí murieron su esposa, padres, hermano y cuñada, pero él pudo sobrevivir. Sumergido en un dolor y vacío profundo por la pérdida de su familia, continuó su trabajo luego de ser liberado.

Escribió el libro *El hombre en busca de sentido (Man's Search for Meaning)*. En su libro, el Dr. Frankl cuenta su experiencia y dice que el ser humano encuentra sentido y propósito en la vida gracias a tres cosas: trabajo, amor y sufrimiento, y él las enfrentó todas. Después de que su familia falleció, siguió trabajando en los campos de concentración porque amaba a su familia y quería honrarlos. A pesar de que ya no estaban con él, siguió adelante. El sufrimiento lo llevó a reflexionar y se dio cuenta de que tenía que hacer algo para sentirse mejor, así que decidió seguir viviendo y ayudando a otros.

Lo que enseña Frankl es que, a pesar de las circunstancias de la vida, aunque haya tormentas, dolor, guerra y destrucción, la vida tiene un propósito y tú escojes cuál es ese propósito. Tú decides si te mueres por el sufrimiento o si tomas acción por ti mismo y por los demás. Estamos aquí con un propósito más grande que simplemente sufrir, y debemos aprender a no estar muertos en vida sino a vivir plenamente. La plenitud significa ver el dolor y el sufrimiento como un paso más en nuestro camino, y ver la vida con una perspectiva de amor y compasión. Eres pleno cuando reconoces que la vida es una mezcla de altibajos y que tienes la opción de quedarte abajo o subir y transformar tu realidad. No creo que el Creador nos haya enviado simplemente para nacer y morir, sino que debemos crear nuestra propia realidad y trascender.

Siempre piensa en ser una mejor persona. Cometerás tus errores, tendrás situaciones, porque la vida no es lineal, sino que es como una ola que sube y baja. Lo importante es tomar conciencia de tus situaciones, aprender de ellas y seguir adelante en tu proceso de vida. Entonces, ¿cómo puedes ser feliz? Concéntrate en las bendiciones y cosas positivas que te suceden día a día.

Desafortunadamente, la matriz se enfoca mucho en las cosas negativas que pasan en el mundo. Si realmente evalúas tu realidad y tu forma de vida, no todo es negativo. Cuando te enfocas en lo negativo, te encuentras atrapado en un ciclo de quejas constantes. Todo parece estar envuelto en una nube negra y sientes que no hay solución, que no puedes hacer nada, que esto no es para ti, que te duele, que te sientes mal contigo mismo, que no te aceptas como eres, que la gente no te entiende y es mala, y así sucesivamente. Incluso, nos enfocamos en las noticias que nos traen más incertidumbre, estrés, desasosiego, ansiedad, dolor y enfermedad.

Hace un tiempo hice un experimento: decidí no ver ni escuchar noticias por dos años. La verdad es que me sentía mucho más tranquila sin esa carga de información negativa. Después de dos años, empecé a ver y escuchar noticias de nuevo y te cuento algo: eran exactamente las mismas noticias y los mismos problemas de siempre. La gente se enfoca demasiado en las cosas malas y se olvida de las cosas buenas que también pasan. Siempre va a haber problemas y conflictos en el mundo, eso es inevitable. Lo importante es que tú decidas qué información consumir y qué impacto le permites en tu vida. Si te llenas de problemas, te sentirás mal. Si te enfocas en soluciones y positivismo, podrás ser feliz y llevar una vida más plena.

Para estar consciente de tus pensamientos y emociones y evitar caer en las trampas de la matriz y del ego, te recomiendo lo siguiente:

1. Concéntrate en el momento presente, presta atención a lo que está sucediendo aquí y ahora.

2. Disfruta de lo que ves, oyes y sientes sin juzgar ni quejarte.

3. Acepta lo que no puedes cambiar y ten la certeza de que estás en el lugar correcto haciendo lo mejor que puedes en este momento para tu propio crecimiento.

Cuando te quejas, atraes energía negativa a tu vida. Por otro lado, si ves la vida como una oportunidad para aprender y te enfocas en agradecer en lugar de quejarte, vas a atraer abundancia en salud, dinero, relaciones, felicidad, bienestar personal y con los demás, y muchas otras cosas que el universo tiene para ofrecerte.

Te voy a contar una breve historia. Cuando tenía trece años, mi madre falleció y eso me dejó completamente perdida. Pasé años tratando de encontrarme a mí misma y tratando de entender la vida. Me sentía inadecuada, mi autoestima era baja y estaba muy triste. Sin embargo, siempre supe que quería ser alguien en la vida, estudiar y convertirme en una profesional. Para mí, esto era una manera de compensar el hecho de que me sentía invisible y como si no fuera nadie.

Siempre me ha gustado aprender, así que tomé varios cursos y certificaciones. Sin embargo, en un momento dado, mi ego empezó a sabotear mi proceso. ¿Estaba haciendo todas estas cosas por creerme mejor que los demás? Empecé a cuestionar si estaba proyectando arrogancia al convertirme en una profesional y conocedora en el campo de la conducta y la salud mental, además de terapeuta holística. Creo que esto atrajo algunas críticas crueles de personas que me preguntaban cómo iba a saber de todo eso.

Me sentí muy mal, culpable y comencé a dudar de mí misma, pero luego me di cuenta de que era mi ego el que me hacía sentir así. Entendí que siempre he tenido la intención de ayudar a las personas que quieren mejorar su salud y calidad de vida, así como lo hice yo.

Reflexionando sobre todo eso, me dije a mí misma: «Sé lo que soy y cómo luché para llegar a donde estoy. Nadie me ha dado nada, sufrí hasta hambre cuando estudiaba en la universidad y mi sacrificio lo hice por mí primero. Me siento orgullosa de lo que he logrado en mi vida. Incluso, mi familia siempre me apoya y cree en mí. Así que, ¿por qué hacerle caso a personas que no conocen mi historia y lo que me ha costado llegar hasta aquí?».

Muchas personas van a dudar de ti y de tu capacidad de ser lo que quieras en tu vida. Pero, lo hacen porque una parte de su vida está rezagada y no se sienten satisfechos. Estas son las trampas de su ego, que los hace actuar como si los demás no merecieran ser felices. Así que sus opiniones no tienen que ver contigo, sino con lo que ellos sienten que los lleva a proyectarse de esa manera.

El ego de los demás siempre va a tratar de que no llegues a donde quieres, porque son parte de la matriz, de ese subconsciente colectivo de sufrimiento al que están acostumbrados. La matriz quiere que todos actúen de la misma manera, y si eres diferente, se va a resentir y a dejarte fuera de sus creencias y costumbres. Sin embargo, eso está bien, porque tú no quieres ser parte de esa matriz de sufrimiento constante. Quieres ser tú mismo, no caer en esa trampa del ego colectivo.

Cuando te desligas de las trampas del ego y te conectas con tu interior, no eres egoísta, sino altruista y empático. Actúas con el corazón y eres capaz de ver la vida desde los ojos de la compasividad en vez de luchar para estar arriba y ser mejor que los demás. Eres más consciente de ser mejor contigo mismo y sientes que tu espíritu se conecta con otros y con el todo. Cuando quieres sobresalir de los demás y competir para opacar al otro, terminas nuevamente en las trampas de sufrimiento del ego. No tienes que tratar de sobresalir, porque ser tú te va a llevar al éxito que tanto anhelas.

 Todos tenemos la oportunidad de crecer, transformarnos y ser felices, porque la vida es para ser feliz, estar en paz y ser libres.

La abundancia es infinita, y solo tienes que creer en ti y en tu potencial sin compararte con los demás o hacer lo mismo que ellos. Confía en que esta abundancia es para todos.

Si estás consciente de las trampas del ego, ves a los demás sin juzgar, aceptas su individualidad y no quieres cambiar lo que está fuera de ti, sino que abrazas la transformación que estás experimentando internamente. Si los demás no vibran con la misma energía que tú y actúan de una manera diferente a lo que quisieras, eso está bien. Ellos están luchando con sus propias tormentas y dolores. Están entretenidos en sus asuntos y eso no tiene que ver contigo sino con su propio proceso y su camino de autodescubrimiento, buscando su sanación personal.

Entonces, si los demás no conectan contigo, ¿qué puedes hacer? Puedes conectar contigo mismo. Así, atraes a las personas que quieren vibrar con tu misma energía y no tienes que esforzarte en agradar a los demás, querer encajar, hacer que los demás te quieran o aceptar lo que no puedes cambiar. Al adoptar una actitud de aceptación hacia lo que sucede en la vida, hacia ti mismo y hacia los demás tal y como son, puedes experimentar una sensación de bienestar y felicidad sin sufrir ni juzgar. Si te liberas de las expectativas y los prejuicios, te acercas al amor, la compasión y la empatía. Cuando conectas contigo mismo te llenas de paz y de felicidad, y esa es la verdadera esencia de tu ser espiritual.

Momento de conectarte

Conexión I: Dónde estoy y a dónde quiero estar

En este punto es importante preguntarte: «¿dónde quiero estar?». Si te sientes cómodo donde estás, podrías decidir continuar ahí, pero si quieres hacer algo para mejorar y sentirte pleno, en las próximas sesiones comenzarás tu proceso de transformación.

El primer paso es aceptar que tienes un problema con tu apagón emocional y que estás dispuesto a sanar. Nadie dijo que la sanación es fácil, incluso puede ser dolorosa, porque las transformaciones no se encuentran en la comodidad. Pero, verás que pasar por este proceso de sanación te ayudará a sentirte mejor que si te quedas donde estás. Quedarte ahí te traerá más sufrimiento y puede que enfrentes problemas emocionales y de salud.

Imagina que estás en una carretera donde tienes que escoger uno de dos caminos, ¿cuál escogerías?:

Camino I: ¿Cómo serán las cosas al final del camino si me quedo donde estoy?

....
....
....
....
....
....

Camino 2: ¿Cómo serán las cosas al final del camino si tomo acción para corregir mi apagón emocional?

....

....

....

....

....

....

Conexión 2: ¿Cómo voy a llegar a donde quiero estar?

Si escogiste el camino #2, aquí tienes un ejercicio para comenzar a tomar acción. Trata de ser lo más específico posible y no generalizar. La raíz de tu apagón puede ser, por ejemplo: trabajar largas horas, hacer muchas cosas a la vez, no tener tiempo libre y no manejar el estrés. Tú sabrás la situación que te llevó a donde estás en tu apagón. Recuerda que ya tienes unas estrategias que puedes incorporar en este ejercicio en base a la etapa en la que te encuentras.

Describe la raíz de tu apagón

....

....

....

....

....

....

....

....

Describe tu meta (lo que quieres lograr o cómo te quieres sentir)

....
....
....
....
....
....
....
....

¿Cuáles pueden ser los obstáculos para lograr tu meta?

....
....
....
....
....
....
....
....

¿Cómo puedes vencer estos obstáculos?

....
....
....
....
....
....
....
....

Anota las alternativas o actividades que puedes llevar a cabo para lograr tu meta. Piensa en todas las cosas que puedes hacer. Aquí puedes incluir algunas de las estrategias que te ofrecí de acuerdo a tu etapa de apagón.

....
....
....
....
....
....
....
....

¿Cuáles son los pros y contras de estas alternativas o actividades?

PROS	CONTRAS

Elige las mejores opciones o actividades que produzcan más resultados positivos y menos resultados negativos.

....
....
....
....
....
....
....
....

Haz un plan para realizar esas actividades

....
....
....
....
....
....
....
....
....
....
....
....
....
....
....
....

Lleva a cabo el plan, y luego anota cómo te sientes y las consecuencias positivas y negativas que surgieron del mismo.

Conexión 3: Aceptando mi cortocircuito

Cuando la mente se sobrecarga, llega el momento en que no funciona de manera óptima, ya que se obstruye con pensamientos, responsabilidades y preocupaciones. La meditación que verás a continuación es una manera de aceptar tu cortocircuito y de abrirte a la experiencia de sanación. Recuerda que puedes grabar esta meditación para que la practiques. Te recomiendo que la escuches en un lugar tranquilo, con los ojos cerrados y que lo hagas todos los días durante una semana.

Desde el centro de mi corazón, con amor, confío en el proceso natural de la vida. Acepto las manifestaciones del orden divino. Yo soy amor, paz y armonía perfecta. Me libero de todo aquello que ocupa espacio en mi vida y que no me pertenece. Dejo ir mi dolor, resentimiento, miedo, pena, amargura y la falta de valor propio. Creo espacio en mi vida y corazón, aceptando todas las manifestaciones del amor en mi vida. Recibo el gozo, el agradecimiento, la confianza, la felicidad, y declaro que yo soy un ser perfecto con un propósito y que vivo en amor y armonía perfecta.

Conexión 4: Mantras

Pon estos mantras en algún lugar que puedas ver todos los días. Te darán paz mental, conectándote con el momento presente, el aquí y el ahora y en lo que puedes hacer hoy.

Reconozco que hay cosas que no puedo cambiar.

Lo único que puedo cambiar es a mi mismo.

Acepto el cambio y confío en mi capacidad de sentirme bien en el proceso.

¿Cómo puedes aplicar estos mantras en tu vida y qué significado tienen para ti?

....
....
....
....
....
....
....
....
....

¿Qué parte de tu vida o de ti sabes que no puedes cambiar?

....
....
....
....
....
....
....
....

¿Qué cambiaste ya?

....
....
....
....
....
....
....
....

Agradécete por lo que has cambiado.

....
....
....
....
....
....
....
....
....

¿Qué parte de tu vida o de ti necesitas cambiar?

....
....
....
....
....
....
....

Conexión 5: Enfoca tu atención en estos consejos

1. Evita las personas tóxicas en tu vida. Son personas negativas que drenan tu energía. Ellas afectan tu ánimo y tu manera de ver el mundo y a los demás. Incluso, evita la gente tóxica en tu familia.

2. Evita ver noticias. ¿No te has dado cuenta que cuando ves noticias te pasas hablando sobre problemas todo el tiempo?

3. Agradece en vez de quejarte. Haz este ejercicio de agradecer y no quejarte por veintiún días y veras cómo te sentirás más animado y feliz.

4. Acepta pensar de forma diferente y comienza a cambiar tu paradigma del mundo, del pasado, del presente y del futuro. El pasado ya pasó y no lo puedes cambiar y el futuro no existe. Lo que existe es el hoy, aquí y ahora. Enfócate en eso, que es lo único que puedes manejar.

5. Cuando una persona actúa de una manera que no te gusta, no la juzgues ni trates de cambiarla. Ella tiene que lidiar con sus propios problemas, que no son los tuyos ni tus conductas.

6. Lee sobre una de las historias más inspiradoras de resiliencia, la del Dr. Viktor Frankl. Su vida fue una tragedia, pero tomó la decisión de ver las cosas y la vida de manera diferente para ser feliz a pesar del sufrimiento.

7. No todos los problemas se resuelven con una medicina. A veces, sentir dolor físico o emocional es una señal de que debemos hacer algo para cuidarnos. Tu organismo tiene la capacidad de sanar sin estar intoxicado con medicamentos, sustancias controladas o alcohol.

Recarga tu energía

Cambia el apagón y conserva energía

La transición de ir del estado de apagón a la chispa es un proceso que lleva tiempo. He identificado cinco fases por las que una persona pasa para alcanzar la transformación completa y recargar tu energía. Este proceso requiere paciencia, compasión y perseverancia contigo mismo ya que puede llevar meses o años. Mientras más comprometido estés en transformar tu apagón, menos tiempo estarás en cada fase. Observa el siguiente diagrama para que veas que es un proceso continuo.

Fases para recargar la energía

- Apagado
- Conectado
- Identificando
- Prendiendo la Luz
- Conservando Energía

A continuación te presento una descripción de cada fase y lo que puedes hacer para pasar de una a otra y lograr recargar la energía en tu vida.

Fase 1: Apagado

En la fase de «apagado» no puedes ver más allá de lo que te sucede, ya que tu mente está bloqueada y tu cuerpo no responde de la misma forma que antes. Te sientes agotado y desconectado de todo lo que te rodea. Esto fue lo que le pasó a Alberto, el fisiatra, al describir cómo se sentía y que su trabajo y su vida ya no le satisfacían, sino que le costaba enfrentar su día a día. Prefería no levantase de la cama porque le dolía su cuerpo, y hasta pensar era un reto.

La persona en esta fase del apagón no reconoce que puede cambiar su situación y cree que la sensación de cansancio es permanente, asumiendo que debe vivir con ella. Esto sucede porque la persona apagada no puede tomar decisiones y necesita ayuda o información para identificar y conectar con estos síntomas, lo que le permitiría tener una mejor comprensión de su situación.

Fase 2: Conectado

Mario, el ginecólogo, no estaba seguro de que su derrame fuera causado por el exceso de trabajo. Luego de que su familia y los médicos le explicaran que la situación podía afectar más su salud, entonces comenzó a preocuparse y a pensar seriamente en que no era una máquina y que tenía que parar. Pero, todavía cuestionaba si debía seguir trabajando o planificar su tiempo para poder descansar más.

La persona conectada sabe que su problema afecta su salud y su vida, pero está indecisa o no está lista para comprometerse a transformar su apagón todavía. Pone en una balanza los pros y contras de quedarse igual o hacer un cambio definitivo.

Fase 3: Identificando

Lani, la enfermera, sabía que su apagón afectaba su salud y que la fibromialgia se empeoraba por la presión que sentía en sus emociones. Al percatarse de su situación, comenzó a buscar ayuda hasta que acudió a mí. Luego de desarrollar un plan de estrategias holísticas de sanación, ella comenzó a hacer planes para aplicar lo aprendido y tomar acción.

La persona que está identificando su situación ya sabe lo que necesita, y comienza a dar pequeños pasos para poner sus límites y sacar tiempo para el autocuidado. También, identifica lo necesario para cambiar su situación y piensa en tomar decisiones y hacer planes para sentirse mejor.

Fase 4: Prendiendo la luz

Estela, la empresaria, nunca imaginó que al establecer su negocio enfrentaría ataques de ansiedad y frustración por la avalancha de trabajo en la que se encontraba.

Algo que la ayudó a mejorar su apagón y a trabajar mejor con sus emociones fue tomar acción desde el momento en que vino a verme. Comenzó a utilizar estrategias de meditación, a escribir en un diario como se sentía y a ofrecer sus experiencias a otros jóvenes en un *podcast*, lo que la ayudó en su proceso de transformación y recarga.

Estela encendió su luz, vio su situación como una oportunidad de transformarse a ella y a otros y aplicar lo que había aprendido con las terapias. Las personas que prenden la luz ven su situación con esperanza y como una oportunidad de aprendizaje. A pesar de los retos, se mueven a hacer algo para no quedarse estancadas. Además, no sienten vergüenza de compartir cómo se sienten y lo que han hecho en su camino de transformación. Estela pudo comenzar a ver un cambio en sus estados de ánimo a los tres meses de comenzar su plan de transformación.

Fase 5: Conservando energía

Una vez te recargas y prendes la luz, hay que conservar esa energía. Lani tardó un año en transformarse y todavía conserva la energía que obtuvo durante su proceso. Aunque ha experimentado dificultades, según lo que me ha contado, ahora es más consciente de sus sentimientos y puede recuperarse rápidamente. Siempre busca mi consejo para mantenerse enfocada, ya que de lo contrario podría volver a sus viejas costumbres de culparse y maltratarse emocionalmente.

El propósito en esta fase es mantenerte enfocado, continuar reforzando tu transformación y tomar terapias y talleres que te ayuden a mantener esa meta lograda. Además, puedes involucrar a otros para que te apoyen y ellos también busquen ayuda. Tú puedes compartir lo que has logrado en tu proceso de transformación y motivar a otros para que sepan que es posible sentirse renovados, recargar y conservar su energía.

Momento de conectarte

Conexión I: Determina la fase para recargar la energía interior

A continuación, te presento unas situaciones para que determines en cuál fase de transformación se encuentra la persona. Al final, podrás conocer las respuestas correctas. Marca con una X la fase en la que la persona se encuentra de acuerdo a la situación presentada.

Apagado ⋮ Conectado ⋮ Identificando

Prendiendo la luz ⋮ Conservando energía

Situación I: Pablo sabe que tiene que hacer algo para mejorar sus niveles de estrés, pero no sabe cómo comenzar. Intentó hacer algunos ejercicios y recibió masajes, pero se dio cuenta de que necesitaba ayuda y estrategias para manejar sus pensamientos y estados de ánimo. Habló con su familia y amigos, quienes le proporcionaron información sobre algunos centros y profesionales que podían ayudarlo. Está planificando tomar medidas y ya programó varias citas para evaluaciones.

¿En cuál fase se encuentra Pablo?

.... Apagado   ....Conectado   ....Identificando

...........Prendiendo la luz   ....Conservando energía

Situación 2: Juana se siente cansada por las exigencias y responsabilidades que tiene en su día a día. Esto incluye su trabajo como arquitecta y los múltiples proyectos que tiene que completar en un tiempo determinado. También se siente presionada por el cuidado de su hogar y de sus hijos. Levantarse en la mañana es un verdadero reto y quisiera poder descansar, pero aunque lo haga se siente igual de agotada y drenada. Ella piensa, «¿Por qué no me dejan tranquila? Quisiera unas vacaciones y quedarme durmiendo todo el día. Ya no puedo pensar, me siento mal emocionalmente, como si nada me importara, y tengo muchos dolores de cabeza y musculares». Juana se irrita si le exigen terminar su trabajo en un momento determinado, y hasta organizar sus ideas se le hace difícil.

¿En cuál fase se encuentra Juana?

.... Apagado ....Conectado ....Identificando

...........Prendiendo la luz ....Conservando energía

Situación 3: Marcos está orgulloso de sí mismo. Lleva tres meses mejorando sus estados de ánimo con la ayuda de su consejera holística. Tomó dos sesiones de hipnosis y estableció límites para sus responsabilidades y autocuidado. Además, practica yoga y recibe masajes y terapias de Reiki. Marcos está motivado para continuar su proceso de transformación ya que ha observado resultados a corto plazo. Su familia y compañeros de trabajo notan su cambio y le preguntan qué hace para sentirse y verse mejor. En resumen, Marcos luce más joven y feliz.

¿En cuál fase se encuentra Marcos?

.... Apagado ....Conectado ....Identificando

.... Prendiendo la luz ....Conservando energía

Situación 4: La familia de Rosa le ha dicho que trabaja demasiado y que eso la está afectando. Se siente irritable, con dolor de cabeza y ya no asiste a las actividades familiares. Ella comienza a entender que su vida es su trabajo como enfermera, y que ya no tiene vida social. Está ahorrando para comprar su primera casa y acepta todos los turnos que le dan. Una compañera de trabajo le menciona que si continúa como va terminará apagada o enferma y no va a poder disfrutar de su nueva casa. Rosa comienza a reflexionar y dice, «quizás pueda considerar bajar los turnos y hacer las cosas que quiero, como irme a la playa o ver una obra de teatro que tanto me gusta, pero necesito el dinero. No sé, voy a ver qué puedo hacer».

¿En cuál fase se encuentra Rosa?

.... Apagado ....Conectado ....Identificando

.... Prendiendo la luz ....Conservando energía

Situación 5: Raúl no puede creer que ha pasado más de un año desde que identificó su apagón emocional y agradece todo lo que aprendió en sus sesiones de terapia holística. Incluso tuvo que renunciar a algunas personas que lo juzgaban por tener ideas diferentes y por darse cuenta de las trampas del ego. Como resultado de su progreso, su autoestima mejoró y logró perder peso. Él se dio cuenta de que su sobrepeso no se debía a la comida, sino a los traumas que experimentó por el abuso sexual que sufrió durante su infancia. Ahora, Raúl se siente libre y asiste a sus sesiones de consejería holística mensualmente. Recientemente, le dijo a su hermana que es agradable ir a dormir en la noche sin odiarse a él mismo ni a los demás.

¿En cuál fase se encuentra Raúl?

.... Apagado ....Conectado ....Identificando

...........Prendiendo la luz ....Conservando energía

	Apagado	Conectado	Identificando	Prendiendo la luz	Conservando energía
1. Pablo			x		
2. Juana	x				
3. Marcos				x	
4. Rosa		x			
5. Raúl					x

Contestaciones correctas

Conexión 2: Reconociendo tu fase

Para el siguiente ejercicio de conexión, debes marcar en qué fase de transformación te encuentras para recargar tu energía. Luego, considera las sugerencias de conciencia que te proporciono para avanzar de una fase a otra y alcanzar la transformación total, conservando tu energía.

1. Apagado............

a. Investiga tu meta. Crea una lista que identifique cómo tus acciones te afectan y cómo pueden afectarte en el futuro:

....
....
....
....
....
....
....
....
....
....
....
....
....
....
....
....
....
....

b. Concéntrate en tus defensas mentales y reconoce cómo te llevan a evitar tomar medidas sobre
tu situación actual. Estas defensas pueden incluir
negar las consecuencias de seguir lastimándote de
forma inconsciente y justificar tus razones para
quedarte en esa situación. Anota alguno de los
mecanismos de defensa mental que usas para re-
sistirte.

....
....
....
....
....
....
....

c. Pide ayuda a amigos y familiares para entender
mejor tu comportamiento, saber cómo te ven y
las defensas que pueden obstaculizar tu progreso.
Crea una lista de las personas con las que hablaste y resume lo que te dijeron sobre los mecanismos defensivos que usas sin darte cuenta:

....
....
....
....
....
....
....

d. Busca recursos en la comunidad que puedan ayudarte a manejar tus emociones actuales y a obtener más apoyo. Por ejemplo, busca grupos de apoyo en tu comunidad o en las redes sociales relacionados con el autocuidado, o considera tomar talleres para manejar el estrés y las emociones. Haz una lista de esos recursos:

....
....
....
....
....
....
....
....
....

2. Conectado ....

a. Conéctate con tus emociones usando diferentes estrategias, como imaginar cómo sería tu vida si no haces ningún cambio, ver películas de autoayuda y ser más consciente de los efectos de ignorar tu apagón. Si recurres a comer, fumar, beber o consumir sustancias controladas para manejar tu estrés, guarda las envolturas, botellas o colillas de lo que hayas utilizado y graba videos de ti mismo mientras te lastimas de esa manera. Anota lo que has intentado para darte cuenta de que tienes que moverte hacia tomar acción sobre tu situación de apagón:

....
....
....
....
....
....
....
....
....
....
....
....

b. Mantén un diario de lo que quieres lograr con tu vida y tu salud y anota las conductas que están relacionadas a esas metas:

....
....
....
....
....
....
....
....
....
....
....

c. Crea una nueva autoimagen. Imagina lo que puedes lograr contigo y con tu vida después de transformarte y lo que quieres hacer para recargar tu energía:

....
....
....
....
....
....
....
....
....
....
....

d. Haz una lista de tus amigos y miembros de tu familia que puedan apoyarte y ayudarte en tu transformación:

....
....
....
....
....
....
....
....
....
....

3. Identificando

a. Haz que la transformación de tu apagón emocional a la chispa de vivir sea una prioridad en tu vida. Planifica cumplir con el tiempo necesario y el esfuerzo para el cambio, sin prisa y con paciencia. Crea un plan específico para cambiar y hacer un compromiso contigo mismo.

b. Comunica a las personas en tu vida sobre tu intención de recargarte y solicita su ayuda. Haz una lista de las personas con quienes hablaste y cómo van ayudarte en tu proceso:

....

....

....

....

....

....

....

....

....

....

....

....

....

....

....

....

....

c. Usando una escala del 1 al 10, donde 1 es «nada importante» y 10 es «muy importante», identifica cuán importante es para ti transformar tu apagón emocional, y explica por qué:

```
O——O——O——O——O——O——O——O——O——O
1    2    3    4    5    6    7    8    9    10
```

....
....
....
....
....
....
....
....
....
....
....
....
....
....

4. Prendiendo la luz ....

a. Usa un diario para monitorear tu proceso.

b. Sustituye con respuestas saludables las conductas que te afectan y que te llevaron al apagón. Identifica maneras para romper el hábito de participar en eventos que provocan problemas.

c. Maneja tus niveles de estrés y no permitas que te abrume. Haz una lista de tres estrategias que vas a usar para ayudarte a manejar el estrés durante tu plan de transformación:

....
....
....
....
....
....
....
....
....
....

d. Practica el autodiálogo positivo y realista.

e. Elimina de tu ambiente las cosas que desalientan tu proceso de transformación. Pon límites y considera opciones más saludables. Identifica señales que saboteen tu proceso y desarrolla estrategias para evitarlas o escoger opciones diferentes.

f. Recompénsate por tu progreso y autoreconocimiento. Eso refuerza tu camino hacia la transformación de tu apagón.

g. Involucra a las personas a tu alrededor. Encuentra a un buen amigo para trabajar contigo en tu camino. Busca un modelo a seguir que ya logró los cambios en los que estás trabajando, alguien que te provea inspiración y consejos prácticos.

- • Amigo: ....

- • Modelo a seguir: ....
....
....
....
....
....

h. Mantén una actitud positiva sobre ti mismo y el cambio que estás intentando.

5. Conservando energía ....

a. Continúa con todas las estrategias positivas que usaste en la etapa de *Prendiendo la luz*.

b. Monitorea tu conducta con un diario.

c. Maneja tu ambiente.

d. Practica el autodiálogo positivo.

e. Cuídate de desviarte de tu propósito de transformación, pero si te desvías, no dejes que esto te desanime y continúa donde te quedaste.

f. Ayuda a alguien más a hacer el cambio que lograste.

- • Persona a ayudar: ....

Completa estos pasos para mantener tu chispa encendida y evitar el apagón que sentiste al inicio del proceso. Obtendrás una nueva imagen positiva de ti mismo, sentimientos de autocuidado y herramientas para continuar tu transformación y llevar un estilo de vida más saludable. Aprenderás a establecer límites en tus responsabilidades y, para mantenerte bien, sigue reforzándote con terapias holísticas de sanación.

Conexión 3: Aquí y ahora

Este es el momento de conectar con tu interior por medio de la meditación. Siéntate cómodo con la espalda recta, cierra los ojos y conecta con tu respiración. Envuélvete en esta meditación de conciencia.

1. Visualiza cómo te ves en este momento sin juzgarte, sólo obsérvate.

2. Reconoce tus pensamientos, sensaciones y sentimientos. Acepta lo que venga en este momento.

3. Si experimentas dolor, miedo, angustia, desesperanza o preocupación, toma conciencia de estas emociones y sensaciones y acéptalas sin juzgar. Luego, repite tres veces en tu mente, «yo soy luz».

4. Luego, conecta con tu respiración agradeciéndote por esta experiencia y regresa al momento presente, aquí y ahora, y abre los ojos.

Conexión 4: Mantras

Escribe estos mantras en algún lugar que puedas ver todos los días. Te darán paz mental, conectándote con el momento presente.

Decido vivir mi vida desde un lugar de amor y alegría.

Decido tratarme con amor y respeto.

Decido transformar mi vida y estar libre de sufrimiento.

Parte 2:

Transforma
tu apagón emocional

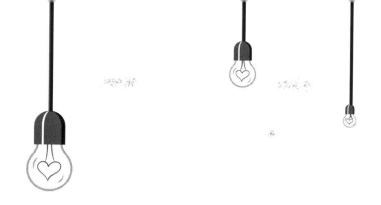

Ya sabes lo que es el apagón emocional y cuáles son sus cinco etapas. También sabes cómo autoevaluarte, determinar en qué etapa estás y cómo salir de ella transformando tu programación mental y encendiendo tu chispa de vida.

Ahora, exploraremos las autoterapias para recargar tu mente, cuerpo y espíritu. Estas terapias abordan integralmente todos los aspectos de tu ser, incluyendo lo psicológico, físico y espiritual. Las estrategias presentadas en esta sección reconocen tu máximo potencial para alcanzar un bienestar pleno.

Al sumergirte en esta experiencia, descubrirás que la sanación emerge desde tu interior, otorgándote un mayor control sobre tu salud y tu vida.

Para que estas terapias funcionen debes estar entre las fases de transformación de «conectado» e «identificando». La mayoría de las estrategias presentadas en las autoterapias las puedes hacer tú mismo, pero si notas que necesitas ayuda, no dudes en buscar ayuda de un profesional certificado y cualificado para apoyarte. Además, puedes certificarte en cualquiera de estas herramientas que vamos a discutir.

Autoterapias para recargar tu mente, cuerpo y espíritu

Para poder entender lo que nos pasa y cómo nos sentimos, debemos conocer cómo funciona la energía. Según el diccionario Wordreference, la definición de **energía**[6] es la capacidad que tiene la materia de producir trabajo en forma de movimiento, luz, calor y también la fuerza y voluntad para actuar física y mentalmente.

Esta definición implica que todo es energía. La materia consiste en moléculas de átomos, las cuales son energía, tanto en tu entorno como dentro de ti. La energía impulsa el funcionamiento de tus células, corazón, músculos y sistemas. Obtienes esta fuente de energía a través de tus sentidos y la alimentación. También la absorbes del entorno y las personas con quienes interactúas.

Cuando tienes energía, te sientes fantástico. Estás motivado y capaz de hacer muchas cosas. Al despertar por la mañana, estás listo para comenzar el día después de recargar energía durante el sueño, renovando tus células y restableciendo todo tu organismo. A medida que avanza el día y llega la tarde, puedes notar que tu energía disminuye. Por eso, a pesar de estar ocupado durante el día, sientes la necesidad de tomar tiempo para comer, beber agua y recargarte. Luego, llega la noche y tu energía está considerablemente reducida, por lo que debes descansar.

En el apagón emocional, sobrepasaste el gasto de energía que podías permitirte hasta que tu cuerpo se apagó, al igual que ocurre con los sistemas eléctricos o las computadoras cuando se sobrecargan. Este apagón debilita tus defensas inmunológicas y psicológicas, y te impide funcionar adecuadamente, llegando incluso a enfermarte. Esto fue lo que les ocurrió a mis clientes.

En una sesión grupal de *Mind & Body Medicine*, que consiste en destrezas de autocuidado para manejar las emociones desarrolladas por el Dr. James Gordon[7], estaba Roberto, un policía retirado debido a diagnósticos de dolor crónico, depresión, ansiedad y dependencia del alcohol. Durante mucho tiempo, había confiado en tratamientos médicos para controlar algunos de sus síntomas, pero no entendía cómo su mente podía influir en la curación de su cuerpo ni sabía cómo aprovechar ese poder.

Sin embargo, a través de la práctica de diferentes técnicas como la meditación, el yoga, la escritura, el dibujo y el movimiento, Roberto comenzó a explorar las emociones asociadas a su dolor. Durante una sesión de escritura, identificó el coraje como un factor clave que exacerbaba sus dolencias físicas, así como su depresión y ansiedad. Se dio cuenta de que lo que sucedía en su mente tenía un impacto directo en su calidad de vida y sus condiciones médicas.

Roberto temía enfrentar la emoción del coraje porque creía que le causaría más dolor. Sin embargo, a medida que se volvió más consciente de sus emociones, notó que al principio le resultaba difícil y experimentaba tristeza, pero con el tiempo fue mejorando. Aprendió a estar más presente en el momento y a apreciar lo que sucedía en su vida, centrándose en las cosas positivas y en las bendiciones en lugar de su dolor y emociones negativas. También logró conectar con su espiritualidad, encontrando un sentido de propósito y una mayor motivación para vivir.

Alfred Adler, un psiquiatra austriaco, concebía al ser humano como un ser holístico y completo, que involucra aspectos físicos, mentales, espirituales y sociales[8]. La forma en que vivimos y la falta de autocuidado afectan esta interacción holística. Cuando actuamos como máquinas o robots, siguiendo patrones automáticos, nos desconectamos de nuestra verdadera esencia y caemos en angustia y agotamiento. Por lo tanto, lograr un equilibrio en la interacción mente-cuerpo-espíritu es fundamental para alcanzar el bienestar y recargar nuestra energía vital, tal y como lo entendió Roberto.

La mente, el cuerpo y el espíritu están conectados con tu ser pleno y no pueden separarse. Se interrelacionan entre sí, como una corriente que va de un lado a otro.

A continuación, te presento estos aspectos para que conozcas la importancia de fomentar la salud de estas tres partes y tomes conciencia sobre ellas.

Mente

La mente es donde se realizan las funciones de pensamiento, percepción, memoria, imaginación y recuerdos. Lo que pasa en nuestra mente, afecta nuestro cuerpo, salud y emociones; y lo que pasa en nuestro cuerpo, afecta nuestra mente. El propósito fundamental de la conexión mente-cuerpo-espíritu es estar consciente y prestar atención a cómo te sientes y al momento presente, aceptando lo que pasa sin juzgar. Una vez tomes conciencia sobre esta interacción, puedes comenzar a usar las herramientas que te proveo.

Cuerpo

Tu salud física no solo se ve afectada por la genética, la alimentación, la actividad física y los problemas médicos como el colesterol, la diabetes y la presión alta, sino también por tus hábitos, estilo de vida y estado emocional.

Cuando el cuerpo está enfermo, eso influye en tus pensamientos, emociones y conductas. Sin embargo, en lugar de abordar esta interacción mente-cuerpo, a menudo recurrimos a medicamentos y tratamientos invasivos que perpetúan el daño.

Se crea así un círculo vicioso: la mente afecta al cuerpo, el cuerpo afecta a la mente y se usan medicamentos para ocultar los síntomas, pero siempre estás enfermo. La meta de la relación entre la mente y el cuerpo es reconocer su interacción y manejar de manera saludable tanto los síntomas físicos como los mentales, para que puedas disfrutar de bienestar y felicidad sin depender de medicamentos.

Espíritu

Según la Real Academia Española, el término **espíritu** se refiere a un ser inmaterial, un alma racional, un principio generador, el carácter íntimo, la esencia o sustancia de algo. También implica un vigor natural y una virtud que nutre y fortalece el cuerpo para obrar[9]. En mi opinión, el espíritu es una fuerza interna que impulsa y brinda propósito y significado a la vida y la existencia. Nos proporciona paz, contemplación y abre nuestra conciencia para conectarnos con una energía más grande que nosotros, a la que algunos llaman Dios, Universo, Naturaleza, Fuerza Vital, entre otros nombres.

Estar conectado a una fuerza más grande que uno mismo se denomina espiritualidad, que no es lo mismo que la religión.

Me identifico con Lani, quien en algún momento mencionó sentirse vacía y sin propósito en su vida, necesitando establecer esa conexión. Aunque asistió a varias iglesias en busca de ello, no lo encontró hasta que participó en talleres de meditación centrados en conectarse con su ser pleno. Fue después de viajar a la India en múltiples ocasiones que finalmente pudo experimentar ese propósito y conexión con algo más grande que ella, al cual Lani se refiere como una luz divina.

Cuando mi madre falleció, sentí enojo hacia Dios, «quien se supone que no debería permitir que cosas malas sucedan». Comencé entonces una búsqueda para llenar ese vacío espiritual y visité iglesias de diferentes religiones, pero no sentía esa llamada, esa sensación de que algo era más grande que yo y que me acompañaba. Fue solo cuando descubrí el Reiki, la hipnosis y el yoga que logré conectarme con esa fuerza vital que trasciende la comprensión.

Según el Dr. James Gordon, la **espiritualidad** refleja la búsqueda de un significado que puede interpretarse como una conexión con algo más grande o superior. Por otro lado, la **religión** es el término que usamos para describir las formas en que organizamos nuestras prácticas espirituales y nuestras creencias acerca de lo espiritual.

A través del tiempo, he comprendido que la espiritualidad no se ve, sino que se siente. Para experimentar esa sensación de sublime grandeza, es importante llevar a cabo actividades que te conecten con tu espíritu interno y la trascendencia de tu ser espiritual hacia la omnipotencia y omnipresencia de un ser supremo.

En tu proceso de transformación para prevenir o manejar tu agotamiento emocional, es fundamental fomentar tu naturaleza divina y convertirte en un ejemplo y ayuda para aquellos que lo necesiten. Vivimos en tiempos difíciles. Al ser humilde y reconocer tu deseo de crecimiento interno, puedes enseñar a otros a buscar su propia naturaleza divina mediante tu ejemplo. Los seres iluminados de la historia de la humanidad, como Jesús, Buda, Mohamed, Krishna, Gandhi, Madre Teresa y Yogananda, entre otros, dejaron un legado en el mundo, promoviendo el amor, la compasión, la empatía, la bondad, el servicio desinteresado, el desapego, la humildad, la gratitud y el perdón.

Entre las actividades que fomentan la espiritualidad se encuentran la meditación, la oración, los mantras, los mudras, los cánticos espirituales, la danza, el ayuno, la desintoxicación, la contemplación y el silencio. En los próximos capítulos, te mostraré cada una de estas prácticas para que puedas ejercitarlas y conectar con tu espiritualidad como parte de las autoterapias para recargar tu mente, cuerpo y espíritu, divididas en: energía ancestral, energía sagrada y energía en movimiento.

Energía ancestral

La energía ancestral es una colección de prácticas antiguas establecidas a través del tiempo y que continúan teniendo vigencia en el presente. A continuación se describen las autoterapias relacionadas a la energía ancestral.

Mente poderosa

Cuando necesites respuesta a tus preguntas, medita y ora.

Cuando necesites solucionar un problema, medita y ora.

Cuando te sientas agobiado, quemado, deprimido o ansioso, medita y ora.

Cuando quieras sentir una conexión con Dios o tu ser supremo, medita y ora.

Cuando estés en una situación muy difícil y necesites fuerzas, medita y ora.

Paramahansa Yogananda, un monje hindú que ha contribuido a la espiritualidad y a la unión de todas las religiones como vías en la búsqueda de Dios, afirma que la meditación y la oración brindan felicidad, plena conciencia de tu existencia y una profunda realización de la omnipresencia de Dios en ti[10]. La fuente interna de vida es el prana o energía vital, que se conecta al sistema nervioso para activar áreas de relajación, conciencia y contemplación. Además, esta energía fluye por todo tu cuerpo para permitirte funcionar de manera óptima.

Nuestra mente es poderosa; podemos dirigirnos hacia donde deseemos y experimentar sensaciones agradables mediante la meditación. He conocido a personas que dicen no poder meditar porque les resulta difícil vaciar sus mentes. Sin embargo, ¿quién dijo que debemos ignorar nuestros pensamientos y sensaciones al meditar?

 Cuando nos encontramos en el estado de relajación que provoca la meditación, desarrollamos la conciencia de nosotros mismos y aprendemos a aceptar lo que ocurre en el momento presente sin juzgar.

Durante la experiencia de meditación, nos sentimos calmados, alertas, concentrados, felices, llenos de paz, amor y compasión. Es una sensación placentera que deseamos seguir experimentando, ya que en ese instante dejamos ir nuestras cargas y entramos en un estado de conciencia más amplio, lo que nos ayuda a trasladar esas sensaciones y actitudes a todas nuestras interacciones, tanto con nosotros mismos como con los demás. Nos damos cuenta de que al meditar, las preocupaciones, molestias, dolores, problemas y negatividad desaparecen. También percibimos que podemos manejar el estrés más fácilmente y nos llenamos de una poderosa energía.

Jon Kabat-Zinn, maestro de meditación y el padre del *mindfulness* (concienciación) moderno[11], define esta meditación como prestar atención deliberada y sin juicio al momento presente. Kabat-Zinn indica que la práctica de *mindfulness* ayuda a balancear nuestra energía con la salud mental y física para que trabajen en armonía. Además, provee energía para reemplazar las respuestas defensivas y relacionarnos con confianza, disminuye los pensamientos y emociones negativos y provee claridad para lidiar con las demandas de nuestra vida diaria.

A nivel fisiológico, la meditación cambia la actividad de las ondas cerebrales, aumenta la actividad parasimpática (que es la relajación del sistema nervioso), cambia el ritmo cardíaco, cambia los niveles de los neurotransmisores, aumenta la serotonina y la melatonina y disminuye los niveles de cortisol, que es la hormona del estrés. Además, disminuye la presión arterial, el dolor, la frecuencia e intensidad de los ataques de asma y migraña, mejora el estado de ánimo y disminuye la ansiedad. En fin, es lo que necesitas para llegar a la quietud y sentirte en bienestar y balance.

Cánticos y baile

Recuerdo cuando Lani me invitó a participar en una actividad de meditación y espiritualidad que incluía baile. Anteriormente, ya había experimentado cantar (*kirtan*) durante mis prácticas de yoga, así como realizar algunos movimientos. Al principio me sentía tímida y apenas me movía. Sin embargo, cuando obtuve la certificación en las técnicas de autocuidado mente-cuerpo (*Mind & Body Medicine*), una de las terapias consistía en moverse y bailar (*shaking and dancing*). Fue entonces cuando verdaderamente pude soltarme, mover mi cuerpo y bailar. Durante esa experiencia, incluso comencé a llorar sin razón aparente. Posteriormente, comprendí que el propósito del movimiento era liberar emociones que se encuentran estancadas en el cuerpo y que no sabemos de su presencia o cómo nos afectan.

Los cánticos y los bailes son una forma de meditación expresiva cuyo objetivo es despertar la energía kundalini, que asciende desde la base de la columna vertebral hacia el cerebro. Los cánticos deben ser positivos, poderosos y llenos de vibración. Además, al sacudirte y bailar, liberas pensamientos y emociones que no has abordado y que se encuentran estancados en el cuerpo, causando opresión, dolor y fatiga. Un ejemplo poderoso de cánticos y bailes lo encontramos en los sufíes. El sufismo es una práctica religiosa originaria del Medio Oriente, donde sus practicantes, los sufíes, visten faldas anchas y comienzan a girar al compás de una música trascendental. Pueden girar durante horas, sumergiéndose en un estado de meditación en trance para conectarse con su cuerpo, mente y su ser supremo.

Protección mental

La protección mental se logra a través de los **mantras,** que son afirmaciones, palabras o frases que se recitan de forma rítmica y repetitiva durante la meditación, ya sea en voz alta o internamente. Estos mantras ayudan a enfocar la atención en el momento presente debido a su sonido y vibración relajantes. La palabra «mantra» proviene del sánscrito «man», que significa mente, y «tra», que significa protección[12]. El propósito de los mantras es proteger nuestra mente de pensamientos negativos que influyen en nuestras acciones y emociones. Al recitar los mantras, nos acercamos a nuestra esencia y nos conectamos con una fuente inagotable de energía durante la meditación profunda.

En cada capítulo te he presentado mantras para que los repitas y obtengas los beneficios de proteger tu mente de los patrones de pensamientos negativos que sabotean tu proceso de cambio. Un ejercicio que puedes hacer para ayudarte a repetir los mantras es escribirlos en tiras de papel individuales y colocarlos en una jarra o en algún lugar donde puedas tomar uno al azar y repetirlo e internalizarlo a lo largo del día. Entre los beneficios de repetir los mantras se encuentran:

- Tienen un efecto directo sobre la glándula pineal, responsable de producir la melatonina, una sustancia cerebral relacionada con la vigilia y el sueño.

- Influyen en la glándula pituitaria, que regula las hormonas y el equilibrio fisiológico del cuerpo.

- Actúan sobre el sistema parasimpático, que está asociado con la sensación de calma.

- Ayudan a disipar los obstáculos mentales y físicos.

- Fortalecen la mente y generan energía.

- Crean una vibración favorable en el sistema límbico, encargado de las emociones.

- Contribuyen a la autoexpresión y a la liberación de energía, influyendo en la circulación energética de nuestro cuerpo.

- Favorecen el funcionamiento del músculo del diafragma, el cuello, la base de la lengua y los mecanismos respiratorios y sonoros.

- Hacen vibrar la caja torácica, estimulando las células pulmonares y permitiendo un mejor intercambio de oxígeno, también beneficiando la zona abdominal.

- Coordinan el ritmo de la respiración y los latidos del corazón.

Así como las oraciones y los mantras poseen un poder vibratorio para atraer lo que deseamos a nuestra vida, nuestros pensamientos ejercen una influencia directa en ella, ya que son unidades energéticas que nos devolverán aquello en lo que estamos pensando. Por ejemplo, los pensamientos negativos generan enfermedades físicas, mentales, psicológicas y emocionales. ¿Por qué crees que

Lani desarrolló fibromialgia? Porque sus pensamientos de tristeza se alojaron en su cuerpo, incrementando su malestar físico. Cuando piensas de forma negativa, atraes problemas de salud, dificultades financieras, fracasos y conflictos en tus relaciones.

 Cuando visualizas algo, lo materializas, ya que si lo atraes a tu mente, lo atraes a tu vida.

Quizás no te hayas percatado de todas las cosas negativas que has atraído y que te causaron tristeza, enfermedad y problemas. Sin embargo, ahora sabes que eres responsable de los resultados obtenidos, y puedes reconocer y cambiar tus pensamientos, manifestando lo que deseas.

¿Quieres tener enfermedad, carencia y fracaso en tu vida, o prefieres salud, felicidad y abundancia? Si tu elección es la salud, felicidad y abundancia, debes comenzar a atraer lo que deseas hacia tu vida. Te invito a practicar lo siguiente:

• Agradece y siéntete feliz por lo que tienes y por lo que recibes.

• Elimina los pensamientos negativos y los sentimientos de insatisfacción.

• Celebra las manifestaciones que se presentan en tu vida.

• Visualízate viviendo en abundancia las 24 horas del día.

- Cuando desees algo, hazlo con la intención de que sea lo mejor para ti en este momento.

- Cree en lo que haces y piensas para atraer lo que realmente deseas, y siente que ya es tuyo.

- Busca la alegría, la plenitud y la paz interior, que son manifestaciones del Universo en tu vida, y lo que te afecta externamente desaparecerá.

Gestos transformadores

Los **mudras** son gestos realizados con las manos que proporcionan energía a diferentes partes del cuerpo y la mente a través de puntos de reflexología[13]. Son un complemento de la meditación y los mantras, ayudando a la relajación y concentración para estimular y elevar los niveles de conciencia. Cada dedo tiene los siguientes propósitos:

- Pulgar: Representa el fuego y tiene influencia en los pulmones, la lógica y la fuerza de voluntad.

- Índice: Significa aire e incluye el estómago. Representa la mente y los pensamientos.

- Medio: Asociado al éter o vacío, influye en la vesícula y la circulación de la sangre.

- Anular: Representa la tierra y está asociado a la vitalidad y el bienestar. Controla la función del hígado.

- Meñique: Simboliza el elemento agua y está asociado a la sexualidad, el corazón, la comunicación y las relaciones.

Ejemplos de mudras incluyen:

- *Agni Mudra*, el mudra del fuego (unión del pulgar y el anular). Provee energía y ayuda en la función y estimulación de la glándula tiroides.

- *Gyan Mudra*, el mudra del conocimiento (unión del pulgar e índice). Ayuda a enfocarse, relajarse y concentrarse.

- *Anjali Mudra*, el mudra de la conexión espiritual (manos en posición de rezo). Ayuda a adentrarse en el interior y a despertar espiritualmente, tomando conciencia de la conexión con el Ser Supremo.

Sabiduría milenaria

El Ayurveda es una antigua sabiduría de más de 5,000 años. Proviene del sánscrito «Ayur», que significa vida, y «veda», que se traduce como ciencia o conocimiento. El Ayurveda es la ciencia de la vida. Originada en la India, utiliza la medicina natural para sanar. Según el Ayurveda, para estar saludable, es importante tener un sistema inmunológico fuerte. La buena salud implica un equilibrio entre el cuerpo, la mente, el espíritu, el estilo de vida y la alimentación.

Me certifiqué en Ayurveda con Silvina Draiman del Instituto de Ayurveda de Argentina. A través de este estudio, comprendí el papel del Ayurveda para evitar el apagón emocional. Una vez que logras un balance en tu cuerpo, mente y espíritu, tu energía se vuelve más sólida, y a partir de ahí se despliega todo lo necesario para un funcionamiento óptimo. El Ayurveda activa la medicina interna que reside en ti, ya que posees la capacidad de autorregeneración sin necesidad de medicamentos químicos. En cambio, utilizas los recursos que la naturaleza brinda para sanarte[14].

Mientras que los medicamentos químicos calman los síntomas y ocultan las enfermedades, el Ayurveda te ayuda a mantener una vida equilibrada y prevenir el agotamiento a través de una dieta adecuada, ejercicio, meditación, masajes, el uso de hierbas, especias y yoga. El Ayurveda te brinda las herramientas necesarias para cuidar de ti mismo y evitar el apagón emocional.

Trabajé con el Ayurveda para ayudar a Lani, la enfermera que experimentaba fácilmente agotamiento, ansiedad y depresión debido a su dieta y estilo de vida. Realicé una evaluación y creamos un plan que incluía pasar tiempo en la naturaleza y hacer ajustes en su alimentación. Según el Ayurveda, la alimentación abarca todo lo que recibimos a través de nuestros sentidos. Cuando Lani siguió este plan, su cuerpo reaccionó de inmediato, sintiéndose mentalmente más tranquila y físicamente con más energía.

En el Ayurveda, los elementos del universo (aire, fuego, agua, tierra y éter) se reflejan en el cuerpo humano y se manifiestan a través de tres constituciones físicas conocidas como *tridoshas: vata, pitta* y *kapha*. Estas constituciones individuales, llamadas *doshas*, indican las tendencias y desequilibrios de una persona. Dependiendo de tu tipo corporal, constitución mental y desequilibrios, podrías desarrollar ciertas condiciones o patologías si no se abordan a tiempo. Estas energías de los tridoshas están presentes en todos los organismos, pero uno puede predominar sobre los demás o puedes tener una combinación de dos doshas o los tres.

El *dosha* **vata** está compuesto por éter y aire. Las personas vata suelen ser más bajas o más altas que el promedio, con un peso ligero y huesos prominentes. Son inquietas, habladoras y ágiles, siempre en movimiento. Experimentan ansiedad por comer, pero a veces pierden el apetito o se olvidan de alimentarse y beber agua. Pueden manifestar miedo, ansiedad y cambios bruscos de humor. Son nerviosas, sensibles e inseguras, les cuesta concentrarse y tienen mala memoria, pero son creativas, artistas y se adaptan fácilmente a los cambios. Disfrutan del calor y viajar.

Las personas del *dosha* **pitta** tienen fuego y agua en su constitución. Tienen una estructura física mediana y tienden a ser musculosas. Les gusta la buena comida, pero se irritan cuando tienen hambre y calor, por lo que prefieren climas más fríos. Suelen enojarse con facilidad y pueden herir con palabras cuando están enfadados. Son inteligentes, competitivos, organizados, líderes y tienen buena memoria. Siempre están ocupados y completan lo que empiezan, pero a menudo se llenan de muchas actividades y trabajos, lo que agota su organismo. Son propensos al estrés y pueden tener problemas relacionados con su ego.

Los **kapha** están compuestos por agua y tierra. Tienen una constitución física grande y pesada, les cuesta perder peso y lo ganan fácilmente. Siempre tienen ganas de comer y a veces comen por razones emocionales, pero también pueden pasar largos periodos sin comer. Son pacientes, maternales y estables en las relaciones. Les gusta la estabilidad y son amigables, pero les cuesta adaptarse a los cambios y tienden a aferrarse a las personas. Suelen experimentar estados depresivos, falta de motivación, letargo, pereza y necesidad de dormir en exceso.

Lani se identificó como *bidosha vata-pitta*. En ese momento, experimentaba cambios de ánimo entre ansiedad, depresión y coraje, además de una exaltación mental drástica debido a pensamientos acelerados. Observamos características vata en su estatura y constitución física, ya que era alta y, aunque en el pasado era delgada, había aumentado de peso. Sin embargo, también presentaba características pitta, como episodios constantes de coraje y sensibilidad al calor y alimentos picantes. Su bidosha estaba desequilibrado, lo cual se manifestaba en síntomas como fibromialgia agravada, taquicardia e inflamación digestiva.

Ahora es el momento de que te autoevalúes. A continuación, encontrarás una autoevaluación para que puedas identificar tu *dosha* y comenzar a realizar cambios acordes a las necesidades de tu organismo.

Autoevaluación de la constitución Ayurveda

En las siguientes páginas, circula las respuestas que más se parecen a tus características. Al final, suma las que marcaste y anota el total debajo de cada *dosha (vata, pitta, kapha)*. El valor más grande es tu *dosha* dominante. Si tienes dos valores iguales, eres *bidosha*, y si tienes tres valores iguales, eres *tridosha*.

	Vata (Actividad)	Pitta (Pasión)	Kapha (Estabilidad)
Tu peso general es:	Bajo	Mediano	Sobrepeso
De niño eras:	Delgado	Mediano	Robusto
Tienes:	Huesos finos y delgados	Estructura ósea mediana	Estructura ósea grande
¿Cómo ganas peso?	Con dificultad	Fácil, pero lo pierdes rápido	Rápido, pero es difícil perderlo
Tus ojos son:	Pequeños y oscuros	Medianos y claros	Grandes con pestañas gruesas
Tu piel es:	Seca	Pecosa o con lunares	Suave y fresca
Tu tez es:	Oscura y te bronceas fácil	Rojiza y se quema fácil	Clara y pálida
Eres:	Hiperactivo	Activo	Lento
Tu digestión es:	Irregular (a veces buena a veces mala)	Usualmente buena	Generalmente lenta
A ti:	No te gusta la rutina	Trabajas con un plan y rutina	Trabajas bien con la rutina
Eres:	Pensador creativo	Innovador y líder	Bueno manteniendo un proyecto corriendo lento
Te gusta:	Viajar, las artes y temas místicos	Deportes, política y lujos	Tranquilidad, negocios y buena comida

	Vata (Actividad)	Pitta (Pasión)	Kapha (Estabilidad)
No te gusta el clima:	Frío y seco	Calor y el sol del mediodía	Frío y humedo
Tu memoria es:	Promedio	Excelente	Buena
Hablas:	Rápido	Usualmente bien	Despacio
Duermes:	Liviano	Usualmente bien	Sólido
Tu transpiración es:	Liviana y sin olor	Abundante y con olor fuerte	Abundante y con olor agradable
Tus dedos son:	Delgados y largos	Regular	Anchos y cuadrados
Tus manos son:	Frías y secas	Tibias y rosadas	Frías y húmedas
Preferes climas:	Cálidos	Fríos y ventilados	No húmedo
Eres:	De humor variable y cambias de ideas	Expresivo en tus ideas y emociones	Estable, confiable y lento para los cambios
Tu pelo es:	Áspero, seco fino, rizo	Fino, lacio, graso	Grueso y ondulado
Tus pies son:	Pequeños y estrechos	Medianos	Grandes y anchos
Tus uñas son:	Frágiles y quebradizas	Suaves	Fuertes y gruesas
Evaluación	Total *Vata*:....	Total *Pitta*:...	Total *Kapha*:...

Plan de equilibrio para las diferentes *doshas*

Ahora que conoces tu *dosha*, es importante que sigas las siguientes recomendaciones para lograr un equilibrio y una buena salud física, mental y espiritual.

Si eres *vata*, una persona activa, impaciente e inestable, realiza regularmente actividades pasivas y tranquilas como yoga, meditación, senderismo y estar en contacto con la naturaleza. Estas prácticas mejorarán tu atención, concentración y memoria, además de aportar estructura, orden y limpieza a tus hábitos. Evita estímulos y ejercicios físicos intensos, y busca momentos de silencio. En cuanto a la alimentación, opta por comidas abundantes, nutritivas, calientes y húmedas como sopas, guisos y tés.

El plan de tratamiento de Lani, que tenía una constitución vata-pitta, incluía una dieta equilibrada para sus *doshas*. Esto implicaba comer de manera meditativa y lenta, eliminar el café, los refrescos, las harinas y las comidas picantes, y optar por tés, sopas y líquidos. También le recomendé escuchar música relajante y utilizar la aromaterapia. Lani practicó ayunos controlados y realizó actividades calmadas como meditación, yoga y caminatas.

En el caso de *pitta*, busca lo refrescante y calmante para contrarrestar el fuego y la intensidad de este *dosha*. Evita tomar decisiones impulsivas cuando tengas coraje. Equilibra tu vida, trabajo y tiempo de ocio. Practica el pensar antes de hablar y actuar, perdónate a ti mismo y perdona a los demás. Rodéate de personas que no te juzguen y aprende a aceptar lo que no puedes cambiar. Conecta con la naturaleza en lugares frescos como ríos, playas y lagos, y evita la exposición al sol. Practica la respiración, meditación, yoga y ejercicio moderado. Como *pitta*, sé consciente de cómo te sientes y qué hacer para mantener el equilibrio.

Si eres *kapha*, la estimulación es importante para evitar la inercia y el letargo. Realiza actividades físicas que impliquen movimiento, como bailar, cantar y hacer ejercicio activo. Mantén disciplina y compromiso en tus tareas diarias y evita demasiado reposo durante el día. Lleva una alimentación equilibrada con vegetales frescos y evita comidas procesadas, azúcar y grasa. Tómate tiempo a solas para evitar la dependencia emocional, medita y practica el perdón hacia ti mismo y los demás.

Nutrición Ayurveda de acuerdo a tu *dosha*

La comida es vital para nuestra vida y salud. Según el Ayurveda y el Yoga, si la apreciamos como un regalo divino, prosperaremos en salud. Pero si la vemos como un placer, comeremos alimentos no saludables y nos enfermaremos prematuramente.

Cada *dosha (vata, pitta, kapha)* tiene necesidades nutricionales específicas para mantener el equilibrio físico y mental y prevenir enfermedades. Para todos los doshas, se debe evitar el consumo de harinas blancas y carne.

A continuación, encontrarás recomendaciones de alimentos según tu dosha.

Vata: Es liviano, frío, seco y activo. Evita comidas ligeras, crudas, secas y frías. Incorpora sabores dulces y amargos. No hagas ayunos estrictos, ya que tiendes a comer poco u olvidar comer. Prefiere comidas ricas, nutritivas, abundantes, calientes y húmedas. Bebe líquidos calientes o tibios en abundancia.

Alimentos que equilibran a *vata*

- Bebida de probióticos kombucha, semillas de kefir de agua o jugo de repollo fermentado *rejuvelac*.
- Tofu, tempeh.
- Remolacha, espárragos, cebolla, batata, calabacín (*zucchini*), calabaza, habichuelas tiernas, espinaca, puerro (*leek*), papa negra, coliflor cocinada, pepinillo, ajo cocinado, aguacate, zanahoria y aceitunas negras.
- Mandarinas, naranjas, melocotón, albaricoque, uvas, ciruelas, dátiles, coco, higo fresco, mango, manzana y peras.
- Almendras, nueces, maní, pistachos.
- Fideos, arroz, pan, galletas y cereales integrales.
- Aceite de girasol o maíz puro para condimentar.
- Condimentos naturales como albahaca, canela, clavo de olor, comino, oregano, pimienta negra, nuez

moscada, romero, tomillo, sal, azafrán, cúrcuma, estragón, laurel, menta, paprika, vainilla natural.

- Ingesta de 2 litros de líquidos por día que incluya jugos de frutas naturales, agua y teses de tilo o manzanilla.

- Agregar a las comidas semillas de girasol, sésamo, chía.

Alimentos que no equilibran a *vata*

- Sandía.

- Pasas de uva, higos secos.

- Aceitunas verdes.

- Alcachofas, guisantes (*peas*), berenjenas, brócoli, cebolla cruda, lechuga, papa de cáscara blanca, tomate.

- Leche y quesos.

- Habichuelas, lentejas, garbanzos, soya.

- Kétchup, mostaza.

- Bebidas con cafeína

Pitta: Este *dosha* tiende a ser caliente, intenso, ligero y fluido. Las comidas deben ser refrescantes, calmantes, astringentes y nutritivas.

Alimentos que equilibran a *pitta*

- Frutas dulces como piña, cereza, ciruela, coco, melón, pera, sandía, uva y cualquier fruta bien madura y dulce.

- Vegetales dulces, amargos y de hoja verde como alcachofas, apio, batata, brócoli, brote de soja, cebolla cocida, habichuelas tiernas, coliflor, espárragos, hinojo (*fennel*), aguacate, pepinillo, perejil, pimiento dulce, puerro (*leek*), remolacha, repollo de Bruselas, repollo, vegetales de hoja verde, zanahoria, calabaza, calabacín (*zucchini*).

- Granos integrales como arroz, avena, cebada, cereal seco, galletas, granola, pan integral, pasta, trigo.

- Legumbres, soja, lentejas, habichuelas blancas.

- Semillas de girasol, lino, palomitas de maíz sin sal.

- Azúcar morena, cebada de malta, jarabe de arce (*maple syrop*).

- Aceites de canola, girasol, oliva, soja.

- Especias, hierbas y condimentos «refrescantes» como albahaca fresca, canela, menta, vainilla.

- Frutos secos como almendras, coco.

- Jugos de frutas, té negro, té de hierbas, manzanilla.

Alimentos que no equilibran a *pitta*

- Frutas ácidas y verdes, guineo, melocotón, kiwi, limón, toronja.

- Aceitunas verdes, ajo, cebolla cruda, espinaca, maíz fresco, nabo, pimiento picante, rábano, remolacha, tomate.

- Lácteos.

- Semillas de chía, sesamo.

- Especias, hierbas y condimentos como ajo, clavo de olor, kétchup, mostaza, mayonesa, limón, laurel, pickles, romero, tomillo, vinagre.

- Frutas secas como avellanas, maní, nueces.

- Bebidas con cafeína, jugos ácidos, té helado, bebidas heladas, gaseosas, alcohol.

Kapha: Es inmóvil, estable, húmedo, frío, oscuro, oleoso y denso. Las comidas deben ser livianas e incorporar sabores picantes, amargos y astringentes (secantes o deshidratantes). Mientras, debe reducir los sabores dulces, salados o ácidos. Debe utilizar especias y realizar ayunos 2-3 veces a la semana.

Alimentos que equilibran a *kapha*

- Frutas como cereza, ciruela, manzana, pera, uvas.

- Vegetales picantes amargos y de hojas verdes como ajo, apio, guisantes (*peas*), berenjena, brócoli, brote de soja, cebolla, coliflor, espinaca, hinojo (*fennel*), maíz, perejil, pimientos, rábano, remolacha, repollo de Bruselas, repollo, vegetales, zanahoria.

- Granos integrales, avena, cebada, centeno, cereales, pan integral, harina de maíz.

- Legumbres como soja, garbanzos, tofu con especias.

- Jugos de frutas, miel.

- Aceites de almendra, canola, girasol, maíz, sésamo.

- Condimentos como ajo, albahaca, anís, azafrán, clavos de olor, *curry*, hinojo, jengibre, laurel, perejil, pimienta, tomillo.

- Bebidas de jugos naturales (parcha, guanábana, acerola), tisana de té negro con especias, canela, cebada, manzanilla.

- Semillas de chía, girasol, lino.

Alimentos que no equilibran a *kapha*

- Frutas dulces y ácidas, limon, mango, coco, higos, toronja, sandía.

- Vegetales dulces y jugosos: aceitunas negras o verdes, batata, calabaza, pepino, tomate, zucchini.

- Arroz, trigo.

- Lácteos

- Legumbres como soja, lentejas.

- Frutas secas como almendras, avellanas, maní, nueces, coco.

- Semillas de sésamo (estas son pesadas, en contraste con el aceite, que es ligero).

- Dulces, azúcar blanca, cebada de malta.

- Aceites como oliva, aguacate, soja.

- Jugo de limón, kétchup, mostaza, pickles, sal, salsa de soja, vinagre.

- Bebidas frías o heladas, jugos ácidos, té frio, té de hierbas.

Alimentación saludable y consciente

Cuando estaba en la universidad, empecé a tener problemas estomacales, como gastritis, estreñimiento y una bacteria en el estómago. Fui al médico y me recetó medicamentos, pero no mejoraba. Dependía de esas medicinas para sentir alivio, pero me sentía cada vez más enferma.

Un día, me di cuenta de que los dolores eran más intensos después de comer carne. Me pregunté: «¿Qué pasaría si dejo de comer carne? ¿Cómo obtendré proteínas?». Desesperada, fui a ver a un naturópata.

El naturópata me dijo que la carne no era adecuada para mí, que mi estómago tenía dificultades para digerirla y eso causaba mis problemas. Comencé a reducir gradualmente mi consumo de carne hasta eliminarla por completo.

El naturópata me explicó que todos los vegetales, frutas y granos contienen proteínas y que es un mito creer que debemos consumir carne para obtener suficiente proteína. Además, una dieta basada en proteína animal puede causar problemas de salud, como colesterol alto, obesidad, enfermedades cardíacas, hipertensión y cáncer, y también afecta nuestra salud mental[15].

Desde que adopté una alimentación basada en plantas, el dolor desapareció, dejé de necesitar medicamentos y me siento con más energía. Además, he mantenido un peso saludable. Esta experiencia me llevó a vivir una vida basada en una alimentación vegana y a aprender sobre nutrición consciente.

Es triste cómo algunas personas con cáncer no se dan cuenta de que su alimentación puede haber contribuido al desarrollo de la enfermedad. En el libro *Skinny Bitch*, Rory Freedman y Kim Barnouin realizaron investigaciones sobre el sufrimiento animal. Descubrieron que durante el proceso de matanza, los animales experimentan miedo y dolor que afecta a todo su cuerpo a través del sistema nervioso. Estas sensaciones permanecen en el cuerpo del animal y cuando los seres humanos los consumen, también afecta su salud. Del mismo modo, si el animal tiene enfermedades como el cáncer, las células cancerígenas también son consumidas[16].

Brenda, ingeniera de profesión, decidió mejorar su alimentación debido a problemas de salud y bienestar. A los cuarenta años, enfrentaba obesidad, hipertensión, falta de energía, inseguridad, baja autoestima y depresión. Tomaba múltiples medicinas y lidiaba con el estrés laboral que afectaba su alimentación. Gastó miles de dólares tratando diversos programas para bajar de peso que no incorporaban el aspecto emocional y espiritual. Todo esto afectaba su desempeño laboral y sus relaciones familiares. Decidió hacer un cambio para mejorar su calidad de vida.

Juntas, creamos un plan de nutrición saludable y cambios en su estilo de vida. En una semana, Brenda perdió seis libras al practicar comidas meditativas y eliminar alimentos altos en colesterol, sal, aditivos, productos procesados y azúcar. Incorporó ejercicios de bajo impacto como caminar y yoga. Le realicé una sesión de hipnosis y escribía en un diario cómo se sentía en el proceso. No solo se veía más delgada, sino que también se sentía más saludable que nunca. Su colesterol bajó, mejoró su energía y sus estados de ánimo. Continuamos trabajando juntas, y parte de su plan de tratamiento incluye la sabiduría de Ayurveda, los puntos de energía de EFT y Reiki.

Para lograr un peso saludable, bienestar emocional y buena salud, las dietas, batidos, pastillas o suplementos no te ayudarán. Debes adoptar un estilo de vida que incluya ejercicio, manejo saludable del estrés y cambios específicos en tu alimentación, como limitar o eliminar ciertos alimentos perjudiciales.

Dado que cada persona tiene una bioquímica única, no existe una dieta universal. El objetivo es tener una alimentación balanceada que nutra tu cuerpo, mente y te proporcione energía. A continuación, encontrarás una guía para comenzar a realizar cambios en tu alimentación y así lograr un equilibrio mental y físico. De esta manera, la comida te proporcionará la energía necesaria y ayudará a prevenir enfermedades, la obesidad y los desequilibrios emocionales.

Guía para mejorar tu alimentación

1. Cuando vayas al supermercado a hacer tus compras, lee las etiquetas. El Dr. Joseph Mercola indica que durante décadas se le han añadido aditivos a los alimentos para resaltar la apariencia y el sabor de la comida. Según él, es importante evitar los ingredientes que aportan a más problemas de salud, ansiedad y obesidad como los siguientes: aspartame, sucralosa, fructosa de maíz (*high fructose corn syrup*), monosodio glutamato, colorantes (*blue #1, red #3, red #40, yellow #6, yellow tartrazine*), nitrato de sodio y bromato de potasio[17].

2. Evita las grasas y el colesterol de productos animales y comidas fritas. Si puedes adoptar una alimentación vegetariana, mucho mejor.

3. Limita el azúcar y la sal de mesa. Opta por usar azúcar turbinada o de arce (*maple*). Incorpora hierbas y condimentos naturales (ajo, cebolla, pimientos, etc.) o sal del Himalaya.

4. Evita los dulces y golosinas.

5. Ingiere más alimentos con fibra como frutas, vegetales, granos y cereales integrales.

6. Evita las comidas preparadas, recalentadas, congeladas, procesadas y establecimientos de comida rápida. Escoge más alimentos frescos en su estado natural.

7. Elimina los refrescos y jugos azucarados. Opta por jugos naturales, agua y té (sin cafeína si eres *vata*).

8. Limita el consumo de café y alcohol.

9. Elimina la leche animal, la mantequilla, la mayonesa, el huevo y el queso, que contienen antibióticos y alérgenos si provienen de producción comercial. Además, una dieta basada en proteína animal puede causar problemas de salud, como colesterol alto, obesidad, enfermedades cardíacas, hipertensión y cáncer, y también afecta nuestra salud mental[15]. Opta por leches, mantequillas, quesos y mayonesas vegetales.

10. Haz tres comidas: desayuno, almuerzo y cena; y tres meriendas saludables entre las comidas (frutas, *hummus*, yogur, guacamole, apio [*celery*], zanahorias, semillas, nueces, frutos secos). Esto ayuda a mantener tu metabolismo trabajando correctamente.

11. Entre una comida y otra debe haber un intervalo de tres horas.

12. Toma 1 litro de agua al día.

13. La mitad de tu plato debe tener vegetales en hoja, ensaladas, viandas, papas y almidones y la otra mitad debe tener otros carbohidratos como arroz o pasta y proteínas vegetales (granos, brócoli, espinaca, lentejas, tofu, etc).

14. Las porciones de las comidas deben ser pequeñas y debes evitar comer hasta sentirte lleno. Come para que se te quite el hambre, no hasta que sientas que vas a explotar.

15. Puedes optar por batidas de frutas o vegetales para sustituir cualquier comida.

16. Haz ejercicio físico, yoga, caminatas, correr, nadar o bailar.

17. Siéntate a comer de manera meditativa, da las gracias por la comida, come despacio y relájate.

18. Evita las distracciones mientras comes como ver televisión, el celular, leer o escuchar música. Enfócate en la comida.

Ayudando a Brenda en su proceso de bajar de peso, nos percatamos de que estaba comiendo de forma automática, sin pensar si realmente tenía hambre o no. Luego de varios ejercicios de alimentación consciente, Brenda entendió que comía por ansiedad, aburrimiento y soledad y no prestaba atención a cómo su cuerpo respondía a esas emociones. Entonces, llegamos a la conclusión de que estaba manejando sus estados de ánimo con la comida.

El propósito de la alimentación consciente es prestar atención a tus sentimientos y tu relación con la comida. Consiste en estar presente, aceptar sin juzgar y liberarte de emociones y pensamientos negativos. También implica reconocer tus emociones y necesidades sin recurrir desesperadamente a la comida, tener paciencia contigo mismo y evaluar si realmente necesitas comer en ese momento.

El Dr. Jim Gordon afirma que las emociones pueden afectar la digestión y el bienestar físico, emocional y mental, y que la alimentación consciente ayuda a reducir el estrés, mejorar la digestión y calmar la mente[18].

Para identificar tus necesidades nutricionales, es importante realizar ayunos. Estos ayudan a que tu cuerpo utilice las reservas de grasa como fuente de energía. En el caso de Brenda, que era de tipo kapha, trabajamos con dos tipos de ayuno: el ayuno intermitente y el ayuno según los principios de Ayurveda. Los ayunos no solo le proporcionaron energía, sino también mayor claridad mental, le permitieron dejar los medicamentos para la presión arterial y mejoraron su estado de ánimo. También la ayudaron a estar más consciente de las necesidades de su cuerpo en cada momento, para así identificar cuándo y qué comer.

El ayuno intermitente consiste en pasar un período prolongado sin consumir alimentos, que puede variar según el peso, condiciones de salud y necesidades individuales. El tiempo de ayuno puede ser de 10 a 16 horas, seguido de comidas saludables en intervalos de 3 horas. Brenda comenzó con un ayuno de 10 horas una vez por semana, luego pasó a 12 horas dos veces por semana, y ahora realiza ayunos de 16 horas cada dos semanas durante cinco días. Con este plan, perdió 18 libras y alcanzó un peso saludable. Durante el ayuno, es importante beber té o agua para reducir la sensación de hambre.

El ayuno Ayurveda implica tomarse un tiempo a solas para meditar y descansar el cuerpo y la mente del estrés y los estímulos externos. Es un momento de relajación, contemplación y conexión interna. Ya que Brenda mejoró su salud, ahora practica el ayuno según los principios de Ayurveda tres veces por semana durante el almuerzo. Durante su ayuno del mediodía, Brenda reemplaza la comida con jugos de vegetales, caldos de vegetales o tisanas adecuadas para su tipo de *dosha kapha*. Además, crea un ambiente tranquilo con música relajante, cierra los ojos y se dedica a estar en contacto consigo misma durante este tiempo, sin distracciones.

Tanto las personas con *dosha pitta* como *kapha* deben realizar ayunos y hacer ejercicio físico cuando no estén ayunando. En el caso de *vata*, al ser un *dosha* liviano que no come mucho, no se recomienda hacer ayunos, pero es importante mantener una rutina de ejercicio relajante como el yoga.

Si quieres un apoyo para confeccionar tus recetas saludables, mi libro de recetas Ayurveda tiene veintinueve recetas medicinales ayurvédicas, además de cuatro recetas de bono. Allí te ofrezco instrucciones detalladas, con ingredientes naturales que puedes conseguir fácilmente. Lo puedes acceder en:
  • https://www.dravanessanegron.com/libros

Recarga 1: Meditación de conciencia plena

Para este ejercicio de meditación, encuentra un lugar cómodo y tranquilo. Puedes sentarte en una silla o en el suelo, con la cabeza y la espalda rectos. Trata de estar de 3 a 5 minutos realizando este ejercicio.

1. Cierra los ojos para eliminar cualquier distracción o estímulo externo y enfocarte en tu interior.

2. Toma conciencia de tu respiración, enfocándote en la sensación del aire entrando y saliendo de tu cuerpo. Siente el abdomen subir y bajar, y el aire entrar por las fosas nasales y salir por la boca. Presta atención a la forma en que cada respiración cambia y es diferente.

3. Deja de lado todos los pensamientos del pasado y futuro y permanece en el presente, observando tu interior y sintiendo tu cuerpo.

4. Observa cada pensamiento que va y viene, ya sea una preocupación, miedo, ansiedad o bienestar, alegría o esperanza. Cuando surjan pensamientos en tu mente, no los ignores ni los suprimas, solo obsérvalos, mantén la calma y usa la respiración, una palabra o mantra como ancla.

5. Si te encuentras dejándote llevar por tus pensamientos, observa hacia dónde se va tu mente, sin juzgar, y simplemente regresa a tu respiración, tu palabra o tu mantra. Recuerda no ser duro contigo mismo si tu mente se aleja. Lo importante es estar conciente de esto y regresa a tu interior.

6. A medida que el tiempo llega a su fin, regresa lentamente al momento presente, al aquí y ahora, al ahora y aquí, estando conciente de dónde te encuentras y, cuando estés listo, puedes abrir los ojos.

Recarga 2: Tisanas para los *doshas*

Las tisanas ayurvedas son teses de hierbas que tienen el propósito de ayudar a equilibrar los *doshas* y su digestión. A continuación, te ofrezco las recetas para cada *dosha*. Debes mezclar las hierbas lo más homogéneamente posible y colocarlas en un litro de agua caliente. Tapa y deja reposar media hora. Luego de colar el líquido, puedes tomarlo inmediatamente o guardarlo en la nevera y entibiar antes de consumirlo. Puedes endulzar la tisana con 1 cucharadita de miel, agave, arce o stevia. En el caso de *kapha* no se debe usar endulzante. Recomiendo tomar tres tazas al día.

Tisana para *vata*:

- 1 cda de centella asiática (gotu kola)
- 1 cdta de cardamomo
- 1 cdta de comino
- 1 cdta de nuez moscada
- 1 pulgada de jengibre fresco

Tisana para *pitta*:

- 1 cdta de menta
- 1 cdta de manzanilla
- 1 cdta cardamomo
- 1 cdta comino
- 1 cdta hinojo

Tisana para *kapha*:

- 1 pizca de jengibre fresco
- 1 pieza de anís estrellado
- 1 clavo de olor

Tisana para ansiedad: *Tomar 1 taza antes de dormir.*

- 1 cdta pasiflora (*purple passionflower*)
- 1 cdta melisa
- 1 cdta valeriana
- 1 cdta tilo

Recarga 3: Nutriendo el cuerpo, la mente y el espíritu

Cuando te dispongas a comer, es importante que elimines cualquier distracción, como la televisión, el celular o la computadora. Dedícate a comer en la mesa y en un lugar tranquilo. El propósito de este ejercicio es que disfrutes y aproveches al máximo la comida, tanto para tu cuerpo como para tu mente. Además, es importante que estés consciente de lo que estás ingiriendo.

Aquí te presento los pasos a seguir:

1. Da las gracias por la comida que vas a ingerir. Puedes utilizar el siguiente mantra: «Que el alimento sirva al cuerpo, que el cuerpo sirva al espíritu y que el espíritu sirva a la luz».

2. Identifica tus emociones en ese momento respecto a lo que vas a comer y reflexiona sobre por qué lo vas a comer.

3. Sé consciente al experimentar el alimento con todos tus sentidos. Observa su apariencia, color, forma y textura. Siente su olor y temperatura.

4. Mastica lentamente y con atención cada bocado, incluso puedes cerrar los ojos para saborear plenamente los sabores.

5. Traga sin prisas después de cada bocado.

6. Suelta el tenedor o la cuchara entre bocados, esto te ayudará a comer sin prisa y a apreciar mejor tus alimentos.

Recarga 4: Mantras

Soy una persona calmada y relajada.

Dejo ir toda la tensión y ansiedad en mi vida.

Cuando me siento con estrés, hago diez respiraciones profundas y luego me siento calmado y relajado.

Tengo la habilidad de relajarme en cualquier situación.

Cuando me siento calmado, puedo encontrarme a mí mismo y aceptar lo que pasa sin juzgar ni juzgarme.

Mi mente crea la realidad que quiero para mi vida.

Energía sagrada

La energía sagrada contempla las autoterapias relacionadas a la conexión espiritual que se describen a continuación.

Corriente universal

Mario, el ginecólogo, estaba desesperado debido a los problemas de salud que enfrentaba después de su derrame cerebral. Se sentía agotado y debilitado, no podía caminar bien, lo que lo llevaba a hacer un esfuerzo extraordinario para su movilidad y le causaba dolor. Una de las terapias que Mario recibió fue el Reiki y mejoró significativamente, sintiendo más energía, movilidad y menos dolor.

El **Reiki** es una **corriente universal** proveniente del Japón. «Rei» significa inteligencia espiritual o universo y «ki», la fuerza de energía de vida que fluye o se mueve a través de todo lo que está vivo. Es una terapia holística que usa la energía universal y la energía propia de cada individuo para liberar tensiones emocionales, aliviar el dolor, fortalecer el sistema inmunológico y obtener una rápida recuperación de energía.

El Reiki se originó a partir de una experiencia espiritual del Dr. Mikao Usui en el Monte Kuriyama, Japón[19]. Durante su meditación y ayuno, recibió un mensaje místico que incluía símbolos relacionados con los chakras y cómo utilizar la energía para sanar a los demás. El Dr. Usui compartió esta práctica con varios discípulos, y desde entonces se ha extendido por todo el mundo.

En el Reiki, las personas imponen sus manos en su propio cuerpo o en el de otros para sanar y canalizar la energía de los chakras, que son los centros de energía equilibrada del cuerpo. Según expertos como Deepak Chopra, Tiffany Barsotti y Paul Mills, el cuerpo humano tiene un campo eléctrico conocido como biocampo o *biofield*. Este campo está compuesto por la emisión de electricidad y biofotones, que es la luz natural que emana de todos los seres vivos. Cuando una persona está enferma, su biocampo está desequilibrado, y se puede restaurar el equilibrio al tratar directamente este campo[20]. El Reiki utiliza la sanación energética para trabajar con el campo de energía del cuerpo y promover el bienestar en la persona.

El terapeuta de Reiki se inicia en 3 niveles, y si alcanza el nivel de maestro, también puede iniciar a otros en Reiki. El nivel I, conocido como la sintonización física, permite aplicar Reiki tanto a uno mismo como a los demás y trabaja con la mejoría física e incrementación de energía. En el nivel II, llamado la sintonización mental, se amplía la capacidad para dar Reiki y ayudar a otros en los planos físico, emocional y mental. El nivel III se conoce como la sintonización espiritual, donde se potencia notablemente la capacidad de dar Reiki y se comienza a trabajar en la sanación a nivel espiritual. El nivel de maestro es el último paso, conllevando una gran responsabilidad y compromiso ético hacia los principios de Reiki al servicio de la humanidad.

El terapeuta que realiza Reiki se rige por cinco principios morales:

1. Solo por hoy, no te enfades.
2. Solo por hoy, no te preocupes.
3. Solo por hoy, sé agradecido.
4. Solo por hoy, gánate la vida honradamente.
5. Solo por hoy, sé amable.

Según mi experiencia, los beneficios del Reiki para mis clientes son:

• Mejora los patrones de sueño.
• Mejora el funcionamiento de órganos y hormonas.
• Ayuda en el proceso de duelo, ansiedad y depresión.
• Aumenta la conciencia de las sensaciones corporales y emocionales.

- Aumenta la conexión con el Ser Supremo y con la intuición.
- Ayuda al crecimiento espiritual.
- Provee un sentido de compasión, felicidad, amor y paz.
- Ayuda en la identificación de enfermedades.

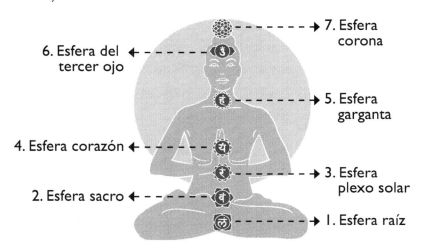

7. Esfera corona

6. Esfera del tercer ojo

5. Esfera garganta

4. Esfera corazón

3. Esfera plexo solar

2. Esfera sacro

1. Esfera raíz

Esferas de luz

Esta es la manera en que llamo a los **chakras**. Chakra es una palabra en sánscrito que significa rueda o disco. Estas esferas están en movimiento de rotación, y cuando no están en movimiento decimos que están desbalanceadas o desalineadas. Las esferas de luz están conectadas a los meridianos, que son vías de energía que circulan en todo el cuerpo.

Las siete esferas de luz principales están alineadas a la columna vertebral:

1. **Esfera raíz:** Su color es rojo intenso y está en la base de la columna, en el perineo. Envuelve las primeras

tres vértebras, la vejiga y el colon. Está relacionada con la supervivencia, la autopreservación, la seguridad y la conexión con la tierra. Proporciona energía física y voluntad de vivir. Se bloquea con el miedo.

2. **Esfera sacro:** Su color es anaranjado y está localizada en el hueso púbico, debajo del ombligo. Envuelve los órganos reproductores, glándulas adrenales, intestino y riñones. Se relaciona con la sexualidad, la reproducción y la creatividad. Se bloquea por la culpa.

3. **Esfera plexo solar:** Es de color amarillo, y está localizada arriba del ombligo. Se relaciona con el estómago, hígado, páncreas y la bilis. Involucra el poder personal, la toma de decisiones y la conexión con el mundo que nos rodea. Se bloquea con la venganza.

4. **Esfera corazón:** Su color es verde y está localizada en el área del pecho. Envuelve el corazón, el sistema circulatorio, los pulmones y el timo. Tiene que ver con el amor, la autoestima, el gozo y la compasión. Se bloquea con el dolor y el egoísmo.

5. **Esfera garganta.** De color azul claro, está localizada en el centro del cuello. Involucra la glándula tiroides y está relacionada con la comunicación, el autodiálogo, lo que decimos y lo que callamos. Se bloquea con las mentiras y el coraje no expresado.

6. Esfera del tercer ojo: Su color es azúl oscuro. Está entre medio de las cejas y envuelve la glándula pineal. Tiene que ver con la intuición, la capacidad de visualizar y de entender conceptos mentales. Se bloquea con la ilusión.

7. Esfera corona: Es de color violeta, y está en la coronilla de la cabeza. Es la conexión con la espiritualidad y el Ser Supremo. Es la energía cósmica, y se bloquea con los lazos mundanos, lo que nos ata a este mundo y nos aleja de nuestra esencia espiritual.

Aunque existen varias técnicas para alinear o balancear las esferas de luz, el Reiki provee alivio inmediato. Provee además paz y tranquilidad y te conecta con tu ser pleno. También puedes practicar meditación, yoga, alimentación saludable, mantras y visualización de las esferas de luz con sus colores.

¿Cómo sabes si una esfera de luz está desbalanceada? Cada esfera tiene una función específica en nuestra vida, órganos y sistemas. Identifica qué área de tu salud o vida está afectada según la descripción de cada esfera. Por ejemplo, la esfera raíz abarca las primeras vértebras, vejiga y colon. Si experimentas problemas en estas áreas, inseguridad, desconexión o ansiedad, presta atención a la esfera raíz. Puedes aplicar estrategias similares para otras esferas de luz.

Manuel, un atleta de triatlón, tuvo una sesión de Reiki para controlar su ansiedad antes de las competencias.

Durante la exploración de energía y las esferas de luz, noté una diferencia en la energía de su esfera del plexo solar, incluso mis manos temblaron. Al preguntarle sobre su salud estomacal, Manuel negó tener problemas. Sin embargo, le recomendé que consultara a su médico para descartar cualquier condición.

Para sorpresa tanto de Manuel como mía, su médico le diagnosticó una condición crónica en el estómago y fue sometido a cirugía poco después. Manuel regresó para agradecerme por identificar a tiempo su situación, ya que de lo contrario podría haber sido demasiado tarde para una solución. Continuamos trabajando con Reiki para su recuperación y logró mejorar exitosamente.

Retroiluminación e imágenes contemplativas

Mi nombre para la retroalimentación biológica (*biofeedback*) es **retroiluminación**. Significa usar un instrumento que brinda información de las funciones de tu cuerpo como termómetros de estrés y temperatura corporal, máquinas de tomar la presión sanguínea, relojes inteligentes que te dicen el pulso, entre otros. Una vez recibas la información sobre cómo está tu cuerpo, puedes utilizar las técnicas de las **imágenes contemplativas**, que es una meditación de visualización para regular las funciones fisiológicas.

Después del derrame cerebral de Mario, le enseñé a utilizar la retroiluminación y las imágenes contemplativas como herramientas de relajación en su trabajo como médico. Ahora él reconoce la importancia de detenerse cuando experimenta estrés o cansancio. El objetivo es estar consciente de los mensajes que envía su cuerpo, promoviendo así su salud y evitando problemas físicos y emocionales. El Dr. James Gordon, psiquiatra y director del *Center of Mind & Body Medicine* de Washington, destaca que el *biofeedback* equilibra el sistema nervioso autónomo, promoviendo la homeostasis y brindando beneficios en diversos trastornos de salud, como la reducción del estrés, fortalecimiento de la inmunidad, disminución de la presión arterial, alivio del dolor crónico, ansiedad y mejoría en el estado de ánimo[21].

Ahora te invito a realizar el siguiente ejercicio. Puedes usar una máquina de medición de presión arterial o pulso. Si no la tienes, puedes colocar suavemente los dedos índice y medio en el cuello, al lado de la manzana de Adán, y sentir el pulso. Cuenta las pulsaciones durante un minuto y anota el número. Esto te dará información sobre tu pulso en ese momento. Entonces puedes realizar la siguiente meditación con imágenes contemplativas. Si lo prefieres, puedes grabarla previamente para mayor relajación.

1. Siéntate o acuéstate cómodamente y procura que tus extremidades no toquen tu cuerpo.

2. Cierra los ojos y enfócate en tu respiración.

3. Repite las siguientes frases seis veces cada una.

   a. Siento mis brazos y piernas pesados como las ramas de un árbol con sus frutos, soy calma.

   b. Siento mis brazos y piernas calientes como el sol de la mañana, soy tranquilidad.

   c. Siento mi corazón latiendo en armonía con mi cuerpo, soy quietud.

   d. Siento mi vientre emanando luz sanadora, soy armonía.

   e. Siento mi cabeza bañada en agua fría y fresca, soy serenidad.

   f. Siento mi respiración calmada como un bálsamo placentero, soy reposo.

4. Regresa al momento presente, a la conciencia, al aquí y ahora, al ahora y aquí, y cuando estés listo, abre los ojos.

Toma nuevamente el pulso o la presión sanguínea. Si bajaron, las demás funciones de tu cuerpo y de tus órganos también lo hicieron. Puedes usar este ejercicio cuando tengas dolor, tensión, ansiedad, estrés, tristeza, coraje o alguna molestia física o emocional.

Armonía de los elementos

Cuando Lydia, una maestra de cincuenta y siete años, me consultó por primera vez, estaba experimentando falta de energía, depresión, obesidad y baja autoestima. Aunque era exitosa en su trabajo, no lograba tener éxito en sus relaciones amorosas. Sentía que algo no funcionaba en su vida y se encontraba en un estado de vacío y estancamiento. A través de sesiones de hipnosis y Reiki, logramos mejorar su estado de ánimo, pero aún no conseguía pareja a pesar de desear una relación estable y duradera.

Fue entonces cuando comencé a sospechar que había un desequilibrio energético en el entorno de Lydia. Descubrimos que su casa estaba llena de objetos acumulados que afectaban su vida amorosa sin que ella se diera cuenta. Para abordar esta situación, trabajamos con el Feng Shui, una antigua práctica china que se enfoca en la organización de nuestros espacios para permitir el flujo adecuado de la energía chi. De esta manera, los aspectos de salud, amor, trabajo, dinero y felicidad pueden prosperar y abundar en nuestras vidas.

Feng Shui, que significa «viento y agua», utiliza los elementos naturales como el fuego, la tierra, el metal, el agua y la madera para equilibrar la energía que nos rodea. Este enfoque afecta cada aspecto de nuestra vida, incluyendo el trabajo, la salud, el hogar y los espacios en los que nos encontramos. Según Gale Hale y Mark

Evans, el Feng Shui es una ciencia ambiental basada en los principios del Taoísmo, una tradición filosófica que busca la armonía y se inspira en la eficiencia de la naturaleza para crear comodidad y paz[22].

¿Cómo supe que el Feng Shui podría ayudar a Lydia en su vida amorosa? En un momento en mi vida en el que mis relaciones amorosas eran un desastre, me encontré con un libro para principiantes sobre Feng Shui. Había escuchado el término anteriormente, pero no sabía de qué se trataba. Poco a poco, fui incorporando las herramientas que iba descubriendo para atraer una pareja. Finalmente, conocí a mi esposo y quedé sorprendida por la efectividad de utilizar el *chi* a mi favor. Al ver los resultados que obtuve con el Feng Shui, decidí obtener una certificación para poder ayudar a otras personas a beneficiarse de esta fascinante disciplina.

Chi es un término oriental que significa energía. De igual manera, **chi**, **qui**, **ki** y **prana** significan energía en movimiento. Es la fuerza vital que mueve todo lo que existe en el universo. Lydia continúa trabajando con su *chi* y organizando las áreas de su casa. Aprendió que cada espacio de su vivienda es un aspecto de su vida, incluyendo la finanzas, el trabajo, la profesión, el amor, la salud, la familia, la espiritualidad y el conocimiento, y que se organizan según los puntos cardinales en que están ubicadas las habitaciones.

A Lydia se le hacía difícil despegarse de cosas y pertenencias que ya no le servían o que no necesitaba. Le gustaba viajar, y en cada viaje adquiría artículos que acumulaba en su casa. Así mismo, cada vez que le daban un regalo lo aceptaba y guardaba, aunque no lo necesitara o no le gustara. Su casa parecía un museo. Hicimos un plan de trabajo que incluía las siguientes tareas que estaban estancando su chi.

1. Cambiar las bombillas fundidas.
2. Sacar de la casa objetos y muebles rotos o que no sirvan.
3. No tener cables pelados y reparar las filtraciones.
4. No tener mesas, cristales o espejos rotos o rayados.
5. Limpiar y organizar sus habitaciones.

Lydia comenzó a organizar áreas pequeñas primero, desprendiéndose de cosas que no usaba. Si tienes cosas que te regalaron o compraste que ya no te sirven o no las necesitas, despréndete de ellas. A veces guardamos objetos, ropa y otros artículos porque les adjudicamos un valor sentimental, pero estás estancando tu vida y tu progreso. Cuando te despegas de lo que no necesitas, permites que cosas nuevas, importantes y necesarias entren a tu vida. No estoy hablando solo de cosas materiales, sino también de cosas que realmente quieres y las atraes con tu energía, vibración e intención.

Si Lydia no se desprendía de lo que no necesitaba, estaba aceptando una vida de carencia, energía estancada y sufrimiento. Cada vez que sacaba algo de su casa, decía este mantra:

Gracias por haber estado hasta este momento, pero ya no te necesito. Te dejo ir con libertad para yo ser libre.

Los cambios que hizo Lydia no solo la ayudaron a sentirse bien emocionalmente, sino que continúan abriendo posibilidades para que llegue una pareja a su vida. En este proceso vive más tranquila, feliz y tomando conciencia de que su amado está por llegar.

Cuando conocí a mi esposo, le expliqué el Feng Shui y cómo afecta la entrada de dinero. En un momento de escasez financiera, arreglamos una filtración y sorprendentemente recibimos un dinero al día siguiente. Desde entonces, él arregla cualquier problema en casa y el dinero llega inmediatamente. Pruébalo y verás los resultados.

Tu hogar debe ser un santuario de paz y tranquilidad, no una fuente de estrés. Si hay desorden, tu apagón emocional empeorará. Aplica los principios de Feng Shui para transformar tu casa en un espacio sagrado. Realiza cambios básicos y verás mejoras en el amor, salud, prosperidad y abundancia.

Rayo de luz

Sentí un rayo de luz en mi vida cuando descubrí el yoga hace más de 10 años. Los beneficios que he experimentado, así como mis estudiantes y clientes, han sido sorprendentes. El yoga no se trata solo de hacer ejercicio físico, sino de una conexión profunda con nuestro cuerpo, mente y espíritu. Es un despertar de la conciencia y una forma de ver la vida con compasión y expansión hacia todo lo que nos rodea.

El yoga es la unión de todos los aspectos trascendentales de la conexión con nosotros mismos y algo más grande. Si bien las posturas físicas (asanas) son una parte del yoga, no constituyen la totalidad de la práctica. Las asanas nos ayudan a profundizar en nosotros mismos, a meditar y a conectar con nuestro aspecto espiritual.

Es importante destacar que el yoga no es una religión ni una secta. Aunque tiene sus raíces en la India y puede llevarnos a un estado de paz y conexión espiritual, es en realidad una ciencia sistemática. Numerosos estudios e investigaciones, como los realizados por Alyson Ross[23], Lisa Diamond[24], Herbert Benson y Eileen Stuart[25], han demostrado los beneficios del yoga en la salud. Estos incluyen la relajación de los músculos, el cuerpo y la mente, la conciencia plena del cuerpo y las emociones, el equilibrio, la mejora de la postura, el estímulo de los órganos internos, la activación de los canales de energía del cuerpo, y la reducción de los síntomas de dolor, estrés y ansiedad.

Recuerdo a Noel, un amigo que sufrió un grave accidente al caer desde un tercer piso y dañar parte de su columna. Su médico recomendó una operación que podría dejarlo con discapacidad física, pero él se negó y decidió sumergirse en las prácticas del yoga. Para sorpresa de todos, su condición mejoró significativamente y la operación ya no fue necesaria. Noel siguió un proceso que incluía devoción, meditación, oración, mantras y cantos, conectándose con su cuerpo, mente y espíritu.

Es importante destacar que existen diferentes tipos de yoga y no es necesario ser flexible para practicarlo. Es recomendable contar con la guía de un maestro para aprovechar al máximo los aspectos de esta hermosa disciplina. Elige el tipo de yoga que resuene mejor contigo y en el que te sientas más cómodo. Recuerda siempre escuchar a tu cuerpo y tus emociones, modificando la práctica según tus necesidades para sentirte seguro y cómodo.

Momento
de recargar

Recarga 1: Meditación de las esferas de luz

Toma un momento para recargarte. Identifica las áreas de tus esferas de luz que necesitan atención y realiza la siguiente meditación. Cierra los ojos y enfócate en tu respiración para adentrarte en ti mismo.

Esfera raíz: Visualiza el color rojo mientras respiras. Haz que el rojo se vuelva más intenso y brillante. Coloca este color entre tus piernas, sin llegar a la parte genital. Siente cómo te conectas con la tierra, tu seguridad y protección. Libera los miedos y siente salud en los órganos cercanos a esta zona. Repite el mantra «Lam» varias veces.

Esfera sacro: Imagina el color anaranjado y respira con él, intensificando su brillo. Coloca el anaranjado en la pelvis, debajo del ombligo. Conéctate con tu creatividad y sexualidad, dejando atrás la culpa. Visualiza tus órganos sexuales y riñones en perfecta salud. Repite el mantra «Vam» varias veces.

Esfera plexo solar: Visualiza el color amarillo, haciéndolo más intenso con cada inhalación y exhalación. Coloca el amarillo en el diafragma, por encima del ombligo. Siente el poder y la capacidad que tienes para tomar decisiones. Visualiza tus órganos del sistema digestivo sanos y en armonía. Repite el mantra «Ram».

Esfera corazón: Visualiza un intenso y brillante color verde esmeralda en el área del pecho. Mientras respiras, siente amor, compasión y gratitud hacia ti y los demás. Confía en que tu corazón, pulmones y sistema circulatorio están saludables y funcionando óptimamente. Repite el mantra «Yam».

Esfera garganta: Imagina un color azul cielo en la zona de la garganta. A medida que inhalas y exhalas, el color se intensifica y brilla más. Siente que tu comunicación fluye asertivamente y que puedes expresarte libremente, dejando atrás el coraje y el resentimiento. Repite el mantra «Ham».

Esfera tercer ojo: Mientras respiras, visualiza un color azul oscuro entre tus cejas. Siente que puedes discernir fácilmente y ver más allá, desarrollando tu intuición y conectándote con tu ser interno. Repite el mantra «Aum».

Esfera corona: Dirige tu respiración hacia la coronilla de tu cabeza, donde sentirás un color violeta. Con cada inhalación y exhalación, el color se vuelve más brillante e intenso, creando una conexión con tu espiritualidad y tu Ser Supremo. Siente cómo te unes a él. Repite el mantra «Ang».

Al finalizar la meditación, recita el siguiente mantra: *Gracias al Ser Supremo, Seres de Luz y Maestros Ascendidos que vinieron a facilitar mi sanación. Que una luz blanca de amor y bondad me proteja siempre. Así sea. Gracias, gracias, gracias.*

Recarga 2: Aplicando las reglas primarias

El propósito de estas prácticas es cuidar siempre la energía que te rodea para permitir que tu energía interna fluya de manera óptima. Para empezar a trabajar con tu energía *chi*, te invito a escribir cómo te sientes a medida que haces cambios en tu entorno y aplicas las siguientes reglas primarias:

1. **Orden:** Organiza tus espacios, comenzando por los más pequeños. Esto te ayudará a sentirte mejor contigo mismo y con tu entorno, evitando estados de ánimo que drenen tu energía.

2. **Limpieza:** Evita el polvo, la humedad, los olores desagradables y las plagas. Abre las ventanas y mantén tus espacios limpios y con buen aroma.

3. **Desapego:** No creas falsamente que necesitas todas las cosas que llevas años guardando. Si no las has usado en mucho tiempo, deshazte de ellas y recita el mantra que utilizó Lydia, agradeciendo el tiempo que esas cosas han estado contigo, pero reconociendo que ya no las necesitas.

4. **Mantenimiento:** Arregla o elimina objetos rotos y filtraciones.

5. **Límites:** No camines con zapatos dentro de la casa. Los zapatos arrastran energías negativas, suciedad e impurezas. Intenta tener un área designada en la entrada de la casa para dejar tus zapatos cuando llegas.

Recarga 3: Analiza tus espacios

El Feng Shui requiere un análisis exhaustivo realizado por un profesional para aplicar los cambios necesarios. Sin embargo, puedes comenzar a hacer modificaciones utilizando las estrategias que te ofrezco. A continuación, te presento la clave para aplicar la armonía de los elementos del Feng Shui en tu casa, utilizando las coordenadas y elementos de la naturaleza.

1. Limpia y organiza tu casa para establecer una base sólida.

2. Identifica los puntos cardinales según tu ubicación: norte, sur, este, oeste, suroeste, sureste, noroeste, noreste y el centro, que es el corazón de tu espacio.

3. Realiza los cambios recomendados en cada área para activar diferentes aspectos de tu vida: salud, dinero, trabajo, amor, familia y espiritualidad.

4. Utiliza el Bagua, un mapa gráfico que incluye los puntos cardinales, colores, elementos y aspiraciones, para lograr un equilibrio energético y abundancia en tu vida y entorno. En la próxima página te presento un ejemplo.

Bagua		
Noroeste Viajes y gente de ayuda Metal	**Norte** Carrera profesional Agua	**Noreste** Conocimiento y sabiduría Tierra
Oeste Creatividad y niños Metal	**Centro** Salud espiritual Tierra	**Este** Salud y familia Madera
Suroeste Amor y relaciones Tierra	**Sur** Fama y éxito Fuego	**Sureste** Prosperidad y riqueza Madera

1. **Norte:** Activa la misión de vida, negocios y dinero. El elemento es el agua. Puedes incorporar colores azules o negros en esta área. También puedes agregar fuentes de agua, peceras o fotografías que representen el agua, como cascadas, ríos o el mar. Utiliza accesorios de metal que representen el elemento agua.

2. **Sur:** Área de la fama, carrera y reputación. Su elemento es el fuego, representado por el color rojo. Puedes incorporar premios, reconocimientos, certificados y diplomas en esta zona. Además, utiliza lámparas, velas y una gama de colores que incluya el rojo o el verde (que aviva el fuego). Coloca imágenes de animales, el sol, pájaros, flores o un wind chime de madera.

3. Este: Enfocado en la salud y la familia. El elemento es la madera y los colores son el verde o el azul. Puedes incorporar plantas naturales o artificiales, como el bambú. Coloca fotografías de la familia o algún símbolo sagrado de protección.

4. Oeste: Espacio para la creatividad, el éxito y los niños. El elemento es el metal y los colores son el plata, el dorado o el blanco. Puedes colocar fotografías de niños o trabajos manuales realizados por ellos. Incorpora objetos metálicos o marcos con colores metálicos o blancos. También puedes añadir fotos de elefantes o cristales.

5. Suroeste: Coordenada del amor, las relaciones y el matrimonio. El elemento es la tierra y el color es el amarillo. Puedes incorporar elementos como corazones, cuadros de parejas y colores amarillos, rojos y terracotas. Incluye velas, lámparas o cojines en esta área. Es importante que los objetos vayan en pares, por ejemplo: 2 cojines, 2 velas, 2 lámparas, simbolizando una pareja.

6. Sureste: Coordenada de la prosperidad, abundancia y riqueza. El elemento es la madera y el color es el verde. Activa la energía del dinero y las finanzas. Incorpora plantas naturales, como el bambú, agua y objetos de color verde, azul o negro. También puedes incluir piedras o cuarzos, monedas, fuego, velas o incienso en esta área.

7. **Noroeste:** Área de los viajes, los placeres y las personas que brindan ayuda. Representa la protección divina y la espiritualidad. El elemento es el metal y los colores son metálicos, dorados, plateados y blancos. Incorpora elementos como monedas de otros países, cuadros de aviones o de destinos de viaje. Para las personas que brindan ayuda y la protección divina, incluye fotos u objetos relacionados con tu religión o creencias espirituales. Puedes crear un altar con elementos de meditación y oración.

8. **Noreste:** Coordenada del conocimiento, la sabiduría y la educación. El elemento es la tierra y el color es el amarillo. Incorpora libros, un globo terráqueo, objetos de cerámica, figuras de búhos o imágenes de carreteras en esta área.

9. **El corazón:** Representa el centro de la casa, el negocio u oficina, y simboliza la buena suerte y la salud espiritual. El elemento es la tierra y el color es el amarillo. Esta área debe mantenerse despejada, pero puedes pintar las paredes con colores amarillos, beige o tonos suaves de colores tierra.

Recuerda adaptar estas recomendaciones según tus gustos personales y las características de tu hogar, pero recuerda que menos es más. El objetivo es crear un balance energético en cada espacio, promoviendo el bienestar y la armonía en tu vida y entorno. Una vez apliques los principios del Feng Shui, enciende un incienso o una vela y camina en cada espacio de tu entorno con la intención de despejar el área de cualquier energía que no esté en armonía. Puedes decir alguna frase como: *Este es un espacio de paz, armonía y tranquilidad. Pido que el chi fluya libremente y traiga prosperidad, salud y abundancia.*

Recarga 4: Meditación de un templo de paz

1. Siéntate o acuéstate en una posición cómoda. Cierra los ojos y conecta con tu respiración.

2. Toma conciencia de cómo inhalas y exhalas, permitiendo que tu cuerpo se «derrita» con cada respiración.

3. Imagina que estás en un templo de silencio y quietud. Siente la sensación de estar en ese lugar e identifica cómo se siente tu cuerpo.

4. Envuélvete en esta experiencia imaginando una luz que rodea todo tu espacio y tu cuerpo.

5. Quédate allí por unos minutos.

6. Ten la certeza de que puedes experimentar esta sensación de quietud en cualquier momento.

7. Poco a poco regresa al momento presente, al aquí y ahora, al ahora y aquí, y cuando estés listo, puedes abrir los ojos.

Energía en movimiento

Mantener la energía en movimiento es importante para que tu mente, cuerpo y espíritu trabajen en armonía y que no caigas en el apagón emocional. A continuación, te presento las autoterapias para que mantengas tu energía en movimiento.

Magnetismo Mental

Sofía sufría de ansiedad y fatiga crónica, sus pensamientos la agotaban tanto física como mentalmente. Acudió a mí para tratar un miedo irracional a volar en aviones. Estaba frustrada por no poder disfrutar plenamente de su vida. Comencé a trabajar en su subconsciente a través de la hipnosis y juntas descubrimos que su miedo estaba relacionado con una experiencia traumática de su infancia, donde su hermano intentó ahogarla en varias ocasiones. Fue este descubrimiento lo que ayudó a Sofía a romper el ciclo de pensamientos y miedos irracionales relacionados con volar en aviones.

Utilizo el término **magnetismo mental** para referirme a la hipnosis. En realidad, toda hipnosis es autohipnosis, es un estado de concentración enfocada en lo que es importante para ti en ese momento, junto con una disminución de la atención hacia lo que sucede a tu alrededor. Durante este estado, tu mente consciente se encuentra en calma mientras tu mente subconsciente se activa. Se emplea la sugestión y la profundización para experimentar cambios en las sensaciones, percepciones, pensamientos y conductas.

Existen diversos ejemplos de hipnosis en la vida cotidiana. Por ejemplo, cuando te quedas absorto viendo una película o programa de televisión, sientes que estás inmerso en la historia y puedes dejar pasar cualquier cosa a tu alrededor sin darte cuenta. Asimismo, cuando conduces hacia tu destino y de repente llegas sin recordar el camino que tomaste, diciendo: «No sé cómo llegué». En ambos casos, entras en un estado de autohipnosis. Durante una sesión con un hipnoterapeuta, este actúa como guía para ayudarte a adentrarte aún más en ese estado y a identificar lo que necesitas para tener el control de tu vida, disminuir el dolor y el sufrimiento.

¿Por qué almacenamos recuerdos y experiencias en nuestro subconsciente? Nuestros pensamientos nos llevan a imaginar situaciones que pueden estar ocurriendo o que podrían suceder, incluso sin tener evidencia real de lo que está sucediendo en ese momento. Cuando creamos estas historias mentales, las experimentamos con todos nuestros sentidos: vemos, sentimos, olemos, escuchamos y saboreamos todo lo que sucede en nuestra imaginación.

Al involucrar todos nuestros sentidos, activamos las mismas áreas del cerebro que se activarían durante experiencias reales. Por lo tanto, la mente no puede distinguir si lo que está ocurriendo en nuestra imaginación es real o no. Ella interpreta que esa experiencia está sucediendo y es allí donde comenzamos a experimentar emociones basadas en algo que no existe y que no está sucediendo en ese momento.

En esta situación, tenemos dos opciones: podemos imaginar lo peor y hacernos daño con cosas que no son reales, o podemos cambiar nuestra imaginación para enfocarnos en pensamientos placenteros y positivos, y así sentirnos bien y estar en control. En su libro, el Dr. James Gordon indica que las personas que utilizan la imaginación para ayudarse y sanarse a sí mismas no solo se sienten mejor, sino que también manejan mejor una variedad de condiciones de salud, como la presión arterial, la frecuencia cardíaca, la ansiedad, los estados de ánimo, los ataques de asma, las migrañas, los cambios en el sistema endocrino y el trastorno de estrés postraumático. Por lo tanto, podemos aprovechar nuestra imaginación para el autotratamiento y la autocuración.

Nuestra mente subconsciente es un poderoso almacén de memorias, experiencias y creencias que influyen en nuestras emociones y comportamientos. A través de la hipnosis y otras técnicas, podemos acceder a este vasto tesoro de información y trabajar en la reprogramación de patrones negativos, superar traumas pasados y fomentar un cambio positivo en nuestra vida. Al utilizar nuestra imaginación de manera consciente y constructiva, podemos influir en nuestra salud y bienestar de manera significativa. Es importante reconocer el poder de nuestra mente subconsciente y utilizarlo de manera positiva para promover nuestra sanación y crecimiento personal.

Puntos de energía

Durante mis sesiones con Kali, una joven empresaria y chef, le enseñé a manejar su ansiedad, el ardor emocional y la ira de manera rápida y efectiva utilizando los puntos de energía de la técnica de liberación emocional (*Emotional Freedom Technique, EFT/Tapping*). El EFT es un método simple y rápido para reducir la intensidad de las emociones y los pensamientos negativos. Se le conoce como la «acupuntura emocional» porque combina golpecitos suaves (*tapping*) en puntos clave de acupuntura. Kali asistió a varias sesiones de EFT y aprendió a utilizar esta técnica por sí misma.

El *EFT/Tapping* es una técnica que puedes aprender y aplicar tú también. Consiste en tocar suavemente y repetidamente una serie de puntos de acupuntura mientras te enfocas en el problema o la emoción que deseas liberar. Esto ayuda a desbloquear y equilibrar la energía en el cuerpo, aliviando las tensiones emocionales y promoviendo la sanación. Es una herramienta accesible y efectiva que te permite tener el control sobre tus emociones y pensamientos.

Según Ana Paula Aguirre y sus colaboradores en el *Mini-Manual de EFT*, el EFT ha demostrado ser efectivo en una amplia variedad de situaciones, como fobias, adicciones, problemas de salud, dolor físico, insomnio, depresión, ansiedad, ira, pérdida de peso, trastorno de estrés postraumático y apagón emocional, entre otros[26]. Al igual que Kali pudo gestionar sus emociones de manera inmediata, te invito a que también utilices esta poderosa herramienta de sanación en tu vida.

Identificación de los puntos EFT

Hay nueve puntos del EFT, incluyendo el punto karate, como se muestra en los dibujos.

Puedes hacer los puntos en cualquiera de los lados, derecho o izquierdo. Aquí la descripción:

- **Punto #1:** Coronilla de la cabeza.
- **Punto #2:** Lado interno de la ceja.
- **Punto #3:** Lado externo del ojo.
- **Punto #4:** Debajo del ojo.
- **Punto #5:** Debajo de la nariz.
- **Punto #6:** Debajo de los labios.
- **Punto #7:** La clavícula.
- **Punto #8:** Debajo de la axila.
- **Punto #9:** Exterior de la mano, entre la muñeca y el dedo meñique.

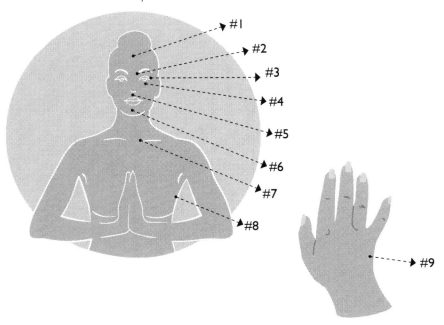

Instrucciones para hacer *tapping*

1. Define el problema: Identifica la molestia o situación, que puede ser física (dolor de cabeza, deseos de beber o de fumar, etc.) o emocional (miedo, ansiedad, depresión o coraje, pensamientos negativos, etc.).

   ....
   ....
   ....
   ....
   ....
   ....
   ....
   ....
   ....

2. Evalúa del 1-10 la intensidad de esa molestia o problema.

   O—O—O—O—O—O—O—O—O—O
   1   2   3   4   5   6   7   8   9   10

3. Aplica el EFT (*tapping*) de la siguiente manera. Voy a usar el ejemplo del coraje:

   a. Con los ojos cerrados, repite 3 veces en cada punto del 1-9 mientras das golpecitos, lo siguiente: *A pesar de que tengo coraje, yo me apruebo y me acepto profunda y completamente.*

   b. El coraje lo puedes sustituir por otra emoción, inquietud o problema.

4. Evalúa del 1-10 la intensidad de la molestia o problema luego de aplicar EFT.

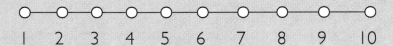

1 2 3 4 5 6 7 8 9 10

5. Hazlo cuantas veces lo necesites.

Movimiento vital

La actividad física es esencial para una vida saludable y equilibrada, ayudando a gestionar el bienestar emocional y el sobrepeso. Es importante realizar ejercicio regularmente, eligiendo una actividad que te resulte cómoda, satisfaga tus necesidades y te brinde placer. En mi **plan de transformación personalizado**, también considero el *dosha* predominante de mis clientes al diseñar una guía de actividad física.

- Por ejemplo, Lani optó por yoga, caminatas y levantamiento de pesas livianas. Estos movimientos suaves le permitían mantenerse en forma sin sobrecargar su cuerpo debido a su condición de fibromialgia.

- Alberto tenía una excelente condición física y prefería correr por la playa junto a su esposa.

- Después de su derrame cerebral, Mario experimentó una disminución en su movilidad física y decidió realizar caminatas cortas y bailar con su esposa.

- Rebecca, quien lidiaba con problemas de obesidad, encontró beneficios en el yoga restaurativo y el baile, ya que le brindaban bienestar tanto físico como mental.

- Estela descubrió alivio y beneficios en una práctica de yoga más activa.

- Por otro lado, Brenda se dio cuenta de que caminar y trotar en la naturaleza la ayudaban a reducir el estrés, mantener su peso bajo control, mejorar su autoestima y fomentar un sentido de bienestar físico y mental.

El Dr. Herbert Benson y Eileen M. Stuart señalan que la actividad física tiene un impacto positivo en la longevidad y la mortalidad. Por el contrario, la falta de actividad física se asocia con un mayor riesgo de enfermedades y discapacidades, como enfermedades cardiovasculares, obesidad, osteoporosis, problemas musculoesqueléticos y dificultad para manejar el estrés. Además, llevar una vida sedentaria también se relaciona con la depresión, problemas de digestión, artritis, niveles elevados de azúcar en sangre, disminución de la fuerza y flexibilidad, y baja productividad laboral. Por otro lado, las personas que se ejercitan regularmente experimentan estabilidad emocional y física, un sentido de positividad, una mejor calidad de vida y la capacidad de tomar decisiones más saludables.

Dada la importancia de la actividad física en tu proceso de avivar tu chispa, es recomendable ejercitarse al menos tres veces a la semana, durante 30 a 60 minutos. Algunos ejemplos de actividades pueden ser caminar, correr, practicar calistenia, nadar, andar en bicicleta, hacer senderismo, levantar pesas livianas a moderadas, bailar, hacer surf, hacer paddleboarding, practicar yoga, tai chi, pilates, zumba, entre otras opciones disponibles.

Toque eléctrico

Javier, un policía con múltiples traumas físicos y emocionales. Durante una de sus tareas policiales, presenció cómo uno de sus compañeros resultó herido de bala, lo cual lo marcó profundamente. Desde ese incidente traumático, a Javier se le hacía difícil relajarse y su cuerpo lo estaba resintiendo. Cuando Javier llegó a mi espacio, me dijo que buscaba relajarse, y así comencé a trabajar con diversas terapias de masaje. Al inicio, noté la tensión en sus músculos y tuve que incorporar otras estrategias, como el Reiki, la aromaterapia y música relajante. Luego de la primera sesión, me dijo que se sentía mucho mejor y que hasta su concentración y enfoque mejoraron. Javier continúa asistiendo a sus sesiones mensuales de masaje, y el espacio que utilizo lo ayuda a poder conectar con la experiencia.

El masaje terapéutico es una forma de terapia que involucra el contacto físico y proporciona placer, alivio de la tensión corporal y ayuda en el manejo del estrés, la ansiedad y la depresión. Un estudio publicado en el *Massage Therapy Journal* examinó la efectividad del masaje terapéutico en veteranas con problemas de salud física y mental, y los resultados indicaron que esta forma de terapia es segura, efectiva y económica, y que reduce los síntomas de dolor crónico, ansiedad y depresión[27].

A nivel fisiológico, el masaje terapéutico crea espacio entre los músculos y las vértebras, mejorando la circulación y rompiendo posibles adherencias. Además, aumenta la temperatura corporal, estimula y nutre los tejidos, reduce la hinchazón y aumenta el metabolismo muscular. Durante el masaje, se liberan sustancias químicas en el cerebro y el cuerpo que ayudan a mantener la homeostasis y el equilibrio en todas las funciones del organismo. Algunas de estas sustancias incluyen las endorfinas, que generan bienestar, alegría y disminuyen el dolor; la serotonina, que está relacionada con los estados de ánimo, la depresión, el placer y la saciedad del organismo; y la oxitocina, que promueve la conexión personal, el contacto físico y el afecto.

Entre los tipos de masajes que uso con mis clientes se encuentran:

- **Masaje sueco:** Este tipo de masaje ayuda a alcanzar un estado de calma, liberar la tensión muscular y proporcionar una sensación general de relajación. Se utiliza para tratar condiciones relacionadas con el estrés crónico, dolores físicos, ansiedad, fibromialgia y el apagón emocional.

• **Drenaje linfático:** El drenaje linfático se realiza para movilizar y eliminar líquidos en exceso del sistema linfático, junto con desechos acumulados, restableciendo el equilibrio entre la filtración y la reabsorción. Este tipo de masaje mejora la circulación, tiene efectos desintoxicantes, relajantes y calmantes. Está indicado para tratar alteraciones de congestión en la piel y edemas.

• **Reflexología:** La reflexología se utiliza para estimular las zonas reflejas de los pies y las manos. Ayuda en el tratamiento de órganos internos, glándulas, sistema endocrino, urinario, digestivo, respiratorio, circulatorio, reproductor y linfático. Además, se trabaja en la espina dorsal, nervios y puntos reflejos para desbloquear la corriente energética del cuerpo.

• **Gotas de sanación:** En esta técnica, utilizo esencias aromáticas aplicadas directamente en la columna vertebral con el fin de mejorar el sistema inmunológico y la salud espinal. Este masaje es antiespasmódico, ayuda a desechar virus y bacterias alojados en la columna vertebral, y aumenta la microcirculación, limpiando los tejidos, venas y arterias.

• **Masaje ortopédico:** En este tipo de masaje, trabajo con puntos gatillo (*trigger points*), liberación miofascial, estiramientos, análisis de la postura y reorganización de cicatrices. Está indicado para aliviar el dolor muscular y tratar lesiones. Es beneficioso en casos de dolor de cuello debido a lesiones de latigazo cervical (*whiplash injury*), para aumentar el rango de movimiento, liberación energética y emocional, dolor de espalda crónico, osteoartritis, cicatrices, escoliosis, infertilidad, fibromialgia, bursitis, síndrome del túnel carpiano, enfermedad degenerativa de los discos y hombro congelado.

- **Masaje de tejido profundo:** Este masaje se centra en las capas más profundas del tejido muscular. Su objetivo es relajar los patrones de tensión del cuerpo, aliviar la tensión muscular, liberar adherencias y trabajar en los puntos gatillo y el estiramiento de los músculos y la fascia.

- **Masaje tailandés:** En esta técnica, utilizo estiramientos asistidos, acupresión y extensión de las articulaciones. Ayuda a aliviar el dolor muscular, reducir la tensión y mejorar la movilidad articular. Además, mejora el sistema digestivo, facilita la eliminación de toxinas, proporciona energía, mejora la calidad del sueño, alivia dolores de cabeza, artritis y contribuye a mejorar la postura.

- **Masaje ayurveda (Abhyanga):** Este tipo de masaje se basa en los principios del ayurveda y tiene en cuenta el *dosha* predominante de la persona. Incorpora aceites, especias y plantas que se ajustan a cada dosha para lograr la desintoxicación y el equilibrio de los *doshas* y la energía del cuerpo y la mente.

Esencia aromática

He visto el poder de las esencias para cambiar los estados de ánimo, mejorar el dolor crónico, el estrés y el apagón emocional. Mientras atendía a Lani me percaté de que era una experta en **aromaterapia** y la invité a una conferencia virtual sobre este tema.

Lani explicó cómo los aceites esenciales han sido fundamentales para su bienestar físico y mental, así como para el de sus pacientes. Utiliza los aromas para mejorar su claridad mental y tratar su dolor de fibromialgia. Personalmente, utilizo aceites esenciales de grado terapéutico en el proceso de sanación emocional y en los masajes terapéuticos.

Las esencias aromáticas funcionan estimulando los receptores olfativos y transmitiendo mensajes a través del sistema nervioso hacia el sistema límbico, la parte del cerebro donde residen las emociones. Los beneficios de las esencias aromáticas en las terapias incluyen:

- Alivio del dolor.
- Acción antihistamínica y mejora del sistema inmunológico.
- Mejora del sueño.

- Reducción del estrés y los síntomas de ansiedad y depresión.

- Algunas esencias pueden tener efectos estimulantes, dependiendo del aceite utilizado.

- Mejora de la memoria y el aprendizaje.

- Ayuda en los ataques de asma y bronquitis.

- Alivio de la agitación emocional, la fatiga mental y la hiperactividad.

- Apoyo en el proceso de recuperación de adicciones.

- Mejora de los trastornos digestivos como la acidez, el estreñimiento y la diarrea.

- Beneficios para problemas de la piel como el acné, el eczema, los golpes y las cicatrices.

En el Ayurveda, las esencias aromáticas se utilizan en infusiones, teses y en el masaje abhyanga. Estas esencias se seleccionan de manera personalizada, teniendo en cuenta las necesidades del cliente y su estado de salud física y emocional. También se considera el *dosha* predominante para lograr equilibrio y bienestar.

Para el *dosha vata*, se utilizan aceites y masajes que ayudan a disminuir la sensibilidad, la ansiedad y el dolor. El masaje se caracteriza por ser rítmico, constante y suave.

En el caso del *dosha pitta*, se recomiendan aceites dulces y refrescantes, que ayudan a reducir el calor, la tensión y equilibrar las emociones. Los movimientos en el masaje deben ser suaves.

Para el *dosha kapha*, el uso de aceites y masajes ayuda a prevenir edemas, tonificar los músculos y estimular la actividad mental. Se utiliza poco aceite y este debe estar caliente. Las maniobras del masaje deben ser estimulantes.

Es importante utilizar aceites esenciales de grado terapéutico y mezclarlos con un aceite base de origen vegetal, que sirve como vehículo para aplicar en la piel. Algunos ejemplos de aceites base incluyen girasol, soya, nuez, jojoba, almendras, sésamo, coco, oliva, aguacate, castor y semillas de uva, entre otros.

A continuación, se presentan algunas recomendaciones de aceites esenciales para cada dosha, según un contenido del libro *Ayurveda & Aromatherapy*[28].

Dosha	Propiedades	Aceites Base	Aceites Esenciales
Vata	Tibios y dulces	Sésamo, almendra, *ghee* (mantequilla clarificada), castor, jojoba, nuez	Jazmín, rosa, lavanda, canela, jengibre, anís, albahaca
Pitta	Refrescantes y dulces	Coco, girasol, canola, *ghee* (mantequilla clarificada)	Cilantro, lila, menta, limón, naranja, bergamota, manzanilla, sándalo
Kapha	Calientes, fuertes, picantes, penetrantes	Mostaza, oliva, maíz, almendra, canola, nuez	Salvia, eucalipto, geranio, alcanfor, patchouli, clavo, romero

Desintoxicación

La desintoxicación (*panchakarma*) es un proceso importante para preparar el cuerpo y la mente con el fin de conectarse con el ser espiritual. Consiste en restablecer el equilibrio de los *doshas (vata, pitta y kapha)*, el estado de ánimo, prevenir y tratar problemas de salud, y fortalecer los tejidos y la mente. Durante este proceso, se llevan a cabo rituales y prácticas de limpieza interna, como enemas, ayuno, silencio, contemplación, meditación, uso de plantas medicinales, teses y masajes con aceites.

El silencio desempeña un papel fundamental en este proceso, ya que ayuda a calmar la mente y el cuerpo. En sánscrito, se le llama *mauna,* y es una oportunidad para conectarse con el ser pleno, elevar la conciencia hacia el espíritu y estar presente en el momento con oración, meditación y contemplación. Es importante crear un ambiente tranquilo, libre de distracciones, y asegurarse de que las personas que te rodean comprendan el propósito de esta actividad para que respeten tu espacio y tiempo.

Mi recomendación es practicar el *panchakarma* una vez a la semana. A continuación te ofrezco unas ideas de lo que puedes hacer en un día de desintoxicación:

1. Estar en ayuno de comida y de hablar (mauna) desde que despiertes hasta las 12 pm.

2. Hacer una enema de agua alcalina y bicarbonato de sodio. Aquí puedes conocer el proceso de la enema: www.dravanessanegron.com/meditaciones-y-videos

3. Luego de aplicar la enema puedes tomar un té de hierbas de acuerdo a tu *dosha*. Usa la lista de tisanas que te brindé anteriormente.

4. Cuando termines el proceso de la enema, puedes hacer un cepillado, o *brushing,* para activar el sistema linfático, la circulación y eliminar toxinas. Aquí puedes ver cuál es esa técnica: www.dravanessanegron.com/meditaciones-y-videos

5. Luego del *brushing,* puedes practicar el masaje de *Abhyanga* con los aceites para tu *dosha*. Busca el ejercicio de Recarga 3: Toque eléctrico y esencia aromática al final de este capítulo.

6. Date un baño relajante, meditando o realizando cánticos sagrados.

7. Cuando sean las 12 pm, haz tus mantras y una oración para recibir tus alimentos. Ingiere jugo de vegetales, frutas o sopa.

8. En la tarde debes hacer yoga, meditación y mantras. Tus comidas serán frutas y té.

9. Para cenar, haz una sopa *Ayurveda Kitchari*. Aquí puedes ver un vídeo con esa receta: www.dravanessanegron.com/meditaciones-y-videos

10. Durante este proceso de desintoxicación, aprovecha la oportunidad para meditar, orar y contemplar tu interior.

Recarga 1: Autohipnosis

Este ejercicio lo puedes grabar y sumergirte en la experiencia, acostado y con los ojos cerrados. Identifica alguna emoción o situación que quieras mejorar. Tomemos como ejemplo el estrés y comencemos:

1. Vas a entrar en un estado de relajación profunda para tener más autocontrol de tus emociones y pensamientos.

2. Toma 3 respiraciones profundas y, con cada respiración, siente cómo tus ojos se vuelven cada vez más pesados. *Uno (respira profundamente), siento mis párpados volviéndose pesados, cada vez más pesados. Dos (inhala y exhala), mis párpados son aún más pesados ahora, casi queriendo cerrarse... Yo (di tu nombre), ¡sueño ahora!*

3. Te das cuenta de que en la tercera respiración, tus ojos se cierran y experimentas una sensación placentera de comodidad y relajación en todo tu cuerpo.

4. Con los ojos cerrados, imagina como si estuvieras mirando hacia arriba desde el centro de tu frente y visualiza un hueco donde puedes ver la luna. A medida que profundizas con cada respiración, sientes

que tu cuerpo se vuelve pesado, como en un sueño profundo.

5. Visualiza que desciendes por una escalera de 10 escalones, y a medida que bajas, te relajas y profundizas aún más, sintiéndote inmerso en un sueño profundo y placentero.

6. Al bajar el último escalón, une tus dedos pulgar e índice, y automáticamente sientes que tu cuerpo y tu mente se vuelven tranquilos y calmados.

7. Cuando te sientas tenso, cansado y estresado, al unir tus dedos, experimentarás una sensación de relajación y energización.

8. Di: «Cada vez que realizo este ejercicio, entro en un estado hipnótico de forma más rápida y profunda».

9. Al finalizar, cuenta del uno al cinco y abre tus ojos, sintiéndote totalmente relajado y revitalizado. *Uno, sintiéndome bien. Dos, sintiéndome muy bien. Tres, sintiéndome relajado y revitalizado. Cuatro, sintiéndome perfectamente bien en todos los aspectos. Cinco, abro los párpados, estoy completamente consciente y me siento maravillosamente bien en todos los aspectos de mi vida...*

Recarga 2: Cirugía energética

La cirugía energética es un proceso que permite eliminar bloqueos físicos, mentales y espirituales, y permite que la energía fluya libremente a través de ti y de tu vida. Identifica algún síntoma que tengas en este momento y realiza el siguiente procedimiento:

1. Ubícate en un lugar tranquilo y sagrado donde puedas hacer una oración o un llamado a tus guías espirituales.

2. Identifica la emoción, síntoma o problema que estás enfrentando en este momento y deseas tratar.

3. Con los ojos cerrados, dirige tu atención hacia tu cuerpo y localiza dónde se manifiesta esta emoción, síntoma o problema en tu cuerpo.

4. Describe mentalmente la forma, el color, la textura y el peso que tiene este bloqueo. Puedes visualizarlo como un objeto con características específicas.

5. Toma una inhalación profunda y, al exhalar con fuerza, imagina que estás extrayendo ese objeto de tu cuerpo, liberándolo completamente.

6. Repite este proceso de extracción del objeto aproximadamente tres veces, o hasta que sientas y visualices el área limpia y vacía de cualquier bloqueo.

7. Ahora que hay un hueco en el área donde se encontraba el bloqueo, visualiza cómo lo llenas simbólicamente con algo positivo y placentero para ti. Puede ser luz brillante, amor incondicional, energía curativa o cualquier imagen que te brinde una sensación de bienestar.

8. Expresa tu gratitud a tus guías espirituales o seres de luz por su presencia y apoyo en tu proceso de sanación.

Recarga 3: Toque eléctrico y esencia aromática

El masaje ayurveda o *Abhyanga* se realiza antes de tomar una ducha en la noche, excepto si eres *kapha*, en cuyo caso se recomienda hacerlo por la mañana debido a su naturaleza estimulante y las manipulaciones activas. Puedes utilizar los mismos aceites del masaje para aromatizar el ambiente. Si eres *vata* o *pitta*, puedes elegir una música de relajación, mientras que si eres *kapha*, la música debe ser alegre y estimulante. Asegúrate de que la luz sea tenue y evita los sonidos fuertes e interrupciones. Además, es importante no haber comido al menos una hora antes del automasaje y asegurarte de haber vaciado la vejiga. A continuación, te presento el procedimiento para realizar tu toque eléctrico con una duración de 20 a 30 minutos:

1. Prepara los aceites: mezcla 4 oz de aceite base con 5 gotas del aceite esencial que elegiste según tu dosha. Coloca la mezcla en un recipiente para utilizar durante el masaje.

2. Siéntete cómodo estando desnudo o usa un traje de baño.

3. En cada aplicación de aceite, realiza movimientos de fricción ascendentes y de adentro hacia afuera en tu cuerpo. Los movimientos deben ser suaves, lentos y evita presionar sobre los huesos.

4. La secuencia del automasaje es la siguiente:

    a. Cierra los ojos y haz una oración para recibir el toque eléctrico.

    b. Date un masaje en el cuero cabelludo, luego en los lóbulos de las orejas.

    c. Continúa con los pies y los tobillos, aplicando el aceite y realizando movimientos circulares y ascendentes según subes por las piernas.

    d. Al llegar al área lumbar (espalda baja), masajea al nivel de los riñones.

    e. Continúa aplicando el aceite en el abdomen, utilizando movimientos circulares amplios y suaves.

    f. Masajea los brazos, desde los hombros hasta las manos, prestando atención a cada área y articulación. Entrelaza las manos, sintiendo un amasamiento suave.

    g. Date masajes en la cara, mandíbula y sienes.

    h. Vuelve a trabajar el cuero cabelludo, esta vez desde la nuca hacia arriba de la cabeza.

    i. Acuéstate boca arriba en una toalla y cierra los ojos para relajarte.

j. Puedes repetir en tu mente alguna afirmación, mantra, frase o palabra inspiradora.

k. Date un baño con agua tibia.

l. Agradece la experiencia.

Recarga 4: Meditación usando mi corriente

El propósito de esta meditación es utilizar la energía de tu cuerpo para obtener un mayor beneficio y activar las áreas de relajación en tu cerebro. Para realizar esta meditación, sigue los siguientes pasos:

1. Adopta una posición cómoda. Puedes acostarte y aflojar la ropa ajustada. Cierra los ojos y guarda silencio.

2. Asume una actitud pasiva y concéntrate en ti mismo, buscando relajar músculos específicos del cuerpo. Desconéctate de todos los demás pensamientos.

3. Tensa y relaja cada grupo muscular de la siguiente manera:

   a. Cara: Tensa toda la cara durante cinco segundos y luego suelta, haciendo un sonido de «ahhhhh».

   b. Manos: Aprieta los puños con fuerza durante cinco segundos y luego suelta, haciendo un sonido de «ahhhhh».

c. Brazos: Tensa los brazos y los hombros durante cinco segundos y luego suelta, haciendo un sonido de «ahhhhh».

d. Espalda: Arquea la espalda durante cinco segundos y luego suelta, haciendo un sonido de «ahhhhh», sintiendo cómo la tensión desaparece.

e. Estómago: Aprieta los músculos del estómago durante cinco segundos y luego suelta, haciendo un sonido de «ahhhhh».

f. Caderas y glúteos: Aprieta los músculos de las caderas y los glúteos durante cinco segundos y luego suelta, haciendo un sonido de «ahhhhh».

g. Muslos: Aprieta los músculos de los muslos, presionando las piernas juntas con toda tu fuerza durante cinco segundos y luego suelta, haciendo un sonido de «ahhhhh».

h. Pies: Dobla los tobillos hacia el cuerpo lo más que puedas durante cinco segundos y luego suelta, haciendo un sonido de «ahhhhh».

i. Dedos de los pies: Dobla los dedos de los pies lo más fuerte que puedas durante cinco segundos y luego suelta, haciendo un sonido de «ahhhhh».

4. Enfócate en cualquier músculo que aún pueda estar tenso. Si algún músculo permanece tenso, aprieta y relaja ese músculo específico tres o cuatro veces y luego suelta, haciendo un sonido de «ahhhhh».

5. Ahora, imagina una corriente de luz que viaja desde la esfera raíz (chakra) ubicada en el área genital, y que recorre toda tu columna vertebral hasta salir por el área de la frente, donde se encuentra la esfera o chakra del tercer ojo.

6. Con los ojos cerrados, dirige tu atención hacia el entrecejo. Mantén la sensación de relajación en tu mente y permanece en esta meditación durante varios minutos.

7. Poco a poco, lentamente, regresa a la conciencia del momento presente, al aquí y ahora. Puedes abrir los ojos en cualquier momento.

¿Qué hago si vuelvo a apagarme?

Recuerdo a Mark, un vendedor exitoso que buscó terapia conmigo porque su trabajo le agotaba y se sentía desmotivado en su vida. Después de un tiempo, dejó la terapia porque se sentía mejor, pero regresó después de un año debido a una ruptura en su relación que lo hizo sentir mal nuevamente. ¿Qué le sucedió a Mark? Dejó de practicar las actividades de autocuidado y abandonó su tratamiento a pesar de que lo ayudaron a sentirse bien.

La clave para mantener tu energía y evitar el agotamiento emocional es continuar utilizando las estrategias que te han ayudado, incluso cuando te sientas bien. Aunque estés haciendo cambios necesarios para manejar tu salud, emociones y estilo de vida, las situaciones externas pueden drenar tu energía y extinguir tu entusiasmo. No puedes controlar lo que sucede a tu alrededor, pero puedes enfocarte en lo que quieres para sentirte bien y seguir utilizando lo que has aprendido para afrontar las circunstancias de la vida.

A continuación, evalúa si estás utilizando autoterapias para recargar tu mente, cuerpo y espíritu en tu proceso de transformación. Marca los encasillados de acuerdo a si estás aplicando lo aprendido. En ocasiones, es posible que necesites la ayuda de un terapeuta holístico para realizar ciertas actividades o recibir certificaciones en alguna de ellas.

Autoterapias para recargar tu mente, cuerpo y espíritu	Lo estoy haciendo	No lo estoy haciendo	Necesito un terapeuta holístico	Voy a certificarme
Energía ancestral: 1. Mente poderosa: Meditación 2. Cánticos y baile 3. Protección mental: Mantras 4. Gestos transformadores: Mudras 5. Sabiduría milenaria: Ayurveda				
Energía sagrada: 1. Corriente universal: Reiki 2. Retroiluminación e imágenes contemplativas 3. Armonía de los elementos: Feng Shui 4. Rayo de luz: Yoga				
Energía en movimiento: 1. Magnetismo mental: Hipnósis/Autohipnosis 2. Puntos de energía: EFT (*tapping*) 3. Movimiento vital: Actividad física 4. Toque eléctrico: Masaje 5. Esencia aromática: Aromaterapia 6. Desintoxicación: *Panchakarma*				

Recompénsate

Para continuar obteniendo los resultados que esperas de tu proceso de transformación y recargar tu energía, una parte que nadie va hacer por ti es motivarte. Cuando tú mismo te motivas y te premias, tanto tus pensamientos como tus conductas te llevan a lograr tus metas de bienestar. Las recompensas son ilimitadas. Piensa en lo que vas hacer para recompensar tus esfuerzos y continuar en tu camino de transformación. Algunas de las recompensas que puedes hacerte son:

- Comprarte algo que te guste.
- Ir al cine o a tu restaurante favorito.
- Ir a un concierto o evento deportivo.
- Tomar alguna clase que te interese (música, yoga, pintura, etc).
- Irte de vacaciones o viajar a un lugar al que siempre has querido ir.

El proceso de transformación tiene sus altas y bajas, no es color de rosa y no es una meta, sino un proceso continuo, un camino. Enfócate para continuar motivando tu proceso y no dejes de utilizar lo que has aprendido. Si sientes que vuelves a apagarte, enfócate y realiza el siguiente ejercicio para identificar las actitudes, pensamientos o conductas que son signos de alerta para una potencial recaída de tu apagón emocional. Además, podrás identificar las estrategias que vas a llevar a cabo para continuar con tu camino de transformación.

En la columna de la izquierda, haz una lista de las actitudes, pensamientos y conductas que son señales de alerta para volver a apagarte, y en la derecha escribe las estrategias para manejar cada situación:

Signos de alerta para recaer en mi apagón emocional (actitudes, pensamientos y conductas)	Estrategias de manejo

Si estás utilizando las autoterapias para recargar tu mente, cuerpo y espíritu, y has tomado medidas para evitar caer en el apagón emocional, pero aún te encuentras apagado, es importante que busques ayuda de profesionales de la salud y el apoyo de personas significativas en tu vida. Además, considera la posibilidad de obtener certificaciones en algunas de las autoterapias para recargar tu mente, cuerpo y espíritu, ya que el objetivo no es solo ayudarte a ti mismo, sino también tener la capacidad de ayudar a otros. De esta manera, fortalecerás aún más tu proceso de transformación, sanarás, crecerás y serás una ayuda para los demás.

Recarga 1: Corriente sanadora

Este ejercicio te ayuda a reconectar contigo mediante la limpieza de creencias que te hacen pensar que eres un ser limitado. Libera los bloqueos que causan inestabilidad emocional y física y te conecta con los valores espirituales de amor, sanación, gratitud, perdón, compasión, empatía y humildad.

Conecta con las siguientes palabras:

LO SIENTO ⋮ GRACIAS ⋮ PERDÓNAME ⋮ TE AMO

Ahora, contesta las siguientes preguntas:

1. ¿A quién le dices LO SIENTO y por qué?

....
....
....
....
....

2. ¿A quién le das las GRACIAS y por qué?

....
....
....
....
....

3. ¿A quién pides PERDÓN y por qué?

....

....

....

....

4. ¿A quién dices TE AMO y por qué?

....

....

....

....

Recarga 2: Aplicando la espiritualidad en tu vida

Para que definas cómo está tu espiritualidad, contesta las siguientes preguntas:

1. ¿Qué quieres de la vida? ¿Lo estás consiguiendo?

....

....

....

....

....

....

....

....

....

....

....

2. ¿En que basas tu seguridad espiritual?

....
....
....
....
....
....
....
....

3. ¿Qué cualidades son más importantes para ti?

....
....
....
....
....
....
....
....

4. ¿Cómo puedes practicar la gratitud, la compasión, el perdón y el amor en tu vida?

....
....
....
....
....
....
....
....

5. Cuando tengas una experiencia de sufrimiento, en vez de preguntarte: ¿por qué me está ocurriendo esto?, contesta las siguientes preguntas como una manera de buscar significado:

a. ¿Qué puedo aprender de esto?

....
....
....
....
....
....
....
....
....
....

b. ¿Cómo puedo crecer a partir de esta experiencia?

....
....
....
....
....
....
....
....
....
....

Recarga 3: Mantras espirituales

Hoy contemplo y acepto toda la abundancia que me rodea.

Creo mi abundancia personal tomándola de una fuente infinita.

La esencia de mi ser es la realidad definitiva, la raíz y fundamento del universo, la fuente de todo lo que existe.

Hoy me concentro en lo que quiero atraer a mi vida.

A partir de este momento, invito la abundancia ilimitada a mi vida.

El rayo que recarga tu energía

Te felicito por haber llegado hasta aquí. El haber leído todo este libro me deja saber que tu compromiso de transformación y para recargar tu energía es real y necesario para ti. Estás tomando las riendas de tu salud, de tu vida y de no volver a las conductas que te hicieron caer en un apagón emocional. Por esta razón, reconozco tu esfuerzo y dedicación. Mi manera de apoyarte es regalarte mi plan de transformación de doce meses, para que tengas estructura en tu proceso. Es el plan que uso con mis clientes, y aquí te explico paso por paso cómo lo puedes implementar en tu vida. Espero que sea ese rayo que inicia la chispa y te envuelve en su luz transformadora.

Antes de comenzar tu plan, vamos a formalizar tu compromiso contigo y con el universo:

Contrato para despedirme
del apagón emocional y recargar mi energía

1. Yo, ..., me comprometo a cambiar las siguientes conductas del apagón emocional:
....
....
comenzando en .... (fecha).

2. Seré responsable y consistente con mis acciones e inacciones. No dejaré que mi pasado ni ninguna otra influencia externa alteren mis sentimientos o mi comportamiento. Una pelea con mi pareja, el estrés del trabajo o una relación difícil no me darán motivos para dejar de cuidar mi mente, mi salud y mi cuerpo. Mediante este pacto conmigo mismo, obtendré inmediatamente el poder y el control sobre mi vida.

3. Mi(s) meta(s) a corto plazo son:
....
....
....
....

Las cumpliré para la fecha de .... (fecha).

4. Mi(s) meta(s) a largo plazo son:
....
....
....
....

5. Voy a evaluar mi progreso de forma regular en los cambios de conducta de la siguiente manera:

....
....
....
....

6. Seré capaz de:

• Asistir a sesiones con la terapéuta holística cuando sea necesario.

• Seguir al pie de la letra el plan de transformación de este libro.

• Seguir las recomendaciones y hacer las tareas asignadas.

• Poner mi 100% de esfuerzo para llegar a la meta de recargar mi energía.

• Estar presente y consciente en todo momento de mi progreso.

• Escribir en un diario mis pensamientos, emociones y conductas durante el proceso de transformación.

Además, voy a reportar mi progreso por lo menos a dos amigos o compañeros de forma regular.

Firma: .... Fecha: ....

Testigo: .... Testigo: ....

Plan de transformación de doce meses

En el próximo Plan de transformación de doce meses, se repetirán algunas actividades y se agregarán otras a lo largo del tiempo. La consistencia será clave para lograr el éxito en tu bienestar físico, emocional y para recargar tu energía interna. El orden y la secuencia de las actividades tienen un propósito, ya que te permiten desarrollar hábitos y acostumbrarte a las autoterapias para recargar tu mente, cuerpo y espíritu. A medida que avances, notarás cambios en tus comportamientos, pensamientos y emociones, y te conectarás con todo tu ser. Una vez que completes los doce meses, puedes comenzar de nuevo, lo cual te ayudará a mantenerte en tu proceso de transformación.

Plan de Transformación de 12 Meses

Meses	Actividades
Mes 1	• Meditaciones, oraciones y mantras diarios. • Ver los siguientes documentales: The Secret[29], Inner Worlds, Outer Worlds[30]. • Cirugía energética. • Autohipnosis. • Escribir tus pensamientos y emociones en un diario. • Retroiluminación e imágenes contemplativas 1 vez al mes.

Mes 2

- Meditaciones, oraciones y mantras diarios.
- Escribir tus pensamientos y emociones en un diario.
- Retroiluminación e imágenes contemplativas 1 vez al mes.
- Feng Shui para cambiar tus espacios y el entorno.
- Desintoxicación una vez a la semana
  - enema
  - ayuno
  - silencio, contemplación, meditación y oración
  - uso de plantas medicinales
  - teses
  - *brushing*
  - masajes con aceites esenciales aromaterapia de acuerdo con tu *dosha*

Mes 3

- Meditaciones, oraciones y mantras diarios.
- Escribir tus pensamientos y emociones en un diario.
- Retroiluminación e imágenes contemplativas 1 vez al mes.
- Desintoxicación una vez a la semana.
- Puntos de energía 1 vez al mes.
- Actividades para estar en contacto con tu espiritualidad una vez a la semana (meditación, oración, mantras, mudras, cánticos, baile)

Mes 4	• Meditaciones, oraciones y mantras diarios. • Escribir tus pensamientos y emociones en un diario. • Retroiluminación e imágenes contemplativas 1 vez al mes. • Desintoxicación 1 vez a la semana. • Puntos de energía 1 vez al mes. • Actividades para estar en contacto con tu espiritualidad una vez a la semana (meditación, oración, mantras, mudras, cánticos, baile) • Alimentación saludable, consciente y Ayurveda todos los días. • Teses Ayurveda para tu *dosha* todos los días. • Alineación de Esferas de luz 1 vez al mes.
Mes 5 - 12	• Meditaciones, oraciones y mantras diarios. • Escribir tus pensamientos y emociones en un diario. • Retroiluminación e imágenes contemplativas 1 vez al mes. • Desintoxicación una vez a la semana • Puntos de energía 1 vez al mes. • Actividades para estar en contacto con tu espiritualidad 1 vez a la semana (meditación, oración, mantras, mudras, cánticos, baile) • Alimentación saludable, consciente y ayurveda todos los días. • Teses Ayurveda para tu *dosha* todos los días. • Yoga 1 vez a la semana • Movimiento y actividad física 1 vez a la semana.

Mantra de transformación poderosa

Tengo un propósito (dharma) y todo viene a su tiempo. Lo mejor que puedo ofrecer a la vida en el aquí y el ahora es dar y servir a mí, a otros y a la naturaleza, y el Universo responderá devolviendo lo que doy. Estar en bienestar es más importante que cualquier cosa material y hacer lo que me gusta es el mejor regalo que puedo dar a mí, a Dios y al mundo. Cuando tengo pasión y entusiasmo en mi interior, eso es realmente Dios hablándome.

Declarando amor, paz, prosperidad, salud, bienestar y abundancia para tu vida aquí y ahora…. Om Shantih, Namaste.

Para ver las meditaciones y videos:

www.dravanessanegron.com/meditaciones-y-videos

Para acceder los mantras diarios energéticos:

www.dravanessanegron.com/mantras-diarios-energeticos

Perfil de la autora

La Dra. Vanessa Negrón García es psicóloga industrial organizacional y consejera profesional. También se preparó como terapeuta holística, hipnoterpeuta y Reiki Master, certificada por la International Association of Counselors and Therapists. Tiene una maestría en consejería de adicciones y está certificada por la National Association of Drug and Alcohol Interventionists (NADAI). Además, está certificada en nutrición y dietética aplicada y completó su certificación de 500 horas de maestra de yoga, obteniendo su nombre espiritual como Vaanika. Estudió terapia de masajes y obtuvo la certificación profesional del Center of Mind & Body Medicine en Washington, DC.

En un momento de su vida, Vaanika se dio cuenta de que las terapias tradicionales y las medicinas no ayudaban a sus clientes, escondiendo más sus síntomas y aportando a tener problemas para manejar el estrés, la carga emocional y la salud. Entonces durante su carrera, adquirió estudios y conocimientos en tratamientos alternativos no tradicionales que ayudan a sanar los problemas emocionales y de salud que presentan sus pacientes y clientes.

El enfoque de la Dra. Negrón es holístico, viendo al ser humano como una unidad compuesta de mente, cuerpo y espíritu. Este acercamiento ayuda a las personas a estar más conscientes de su composición física, mental y espiritual y a trabajar con problemas emocionales como el estrés, la ansiedad, la depresión, los traumas, el insomnio, las adicciones y problemas de salud, reduciendo así los gastos por enfermedad y mejorando la calidad de vida de las personas que solicitan sus servicios.

Actualmente labora a tiempo completo en la Clínica de Veteranos de Mayaguez, Puerto Rico como terapista en adicción y tiene su práctica privada, donde ofrece las terapias holísticas de sanación como: hipnosis, Reiki, yoga, Ayurveda, terapias mente-cuerpo, masaje terapéutico, meditación, naturismo y vegetarianismo y Feng Shui, entre otros.

Otras de sus áreas de peritaje son: adiciones, terapias psicológicas cognitivo-conductuales, meditación *mindfulness*, desarrollo organizacional, evaluaciones y sistemas de reclutamiento, programas de salud y bienestar, nutrición, manejo del cambio, manejo del dolor y adiestramientos.

Para más información sobre terapias, cursos y certificaciones en las autoterapias para recargar tu mente, cuerpo y espíritu, puedes acceder a www.dravanessanegron.com

Referencias

[1] https://www.wordreference.com/definicion/cortocircuito

[2] Maslach C, Leiter MP, Schaufeli WB. (2009). Measuring burnout In: Cooper CL, Cartwright S. (eds). The Oxford handbook of organizational well-being. Oxford: Oxford University Press.

[3] Western Governors University. (2019). Workplace burnout: causes, effects, and solutions. https://www.wgu.edu/blog/workplace-burnout-causes-effects-solutions1906.html#openSubscriberModal

[4] Real Academia Española https://dle.rae.es/cambio

[5] Frankl, Viktor E. (1962). Man's search for meaning: an introduction to logotherapy. Boston: Beacon Press

[6] Wordreference. (2022). Energía. https://www.wordreference.com/definicion/energ%C3%ADa

[7] Gordon, J. S. (2019). The Transformation: Discovering Wholeness and Healing After Trauma. HarperCollins Publishers, New York, NY.

[8] Adler, A. (2010, original 1927). Undestanding Human Nature. Hazelden. Minnesota.

[9] Diccionario de la Real Academia Española (2021). Espíritu. https://dle.rae.es/esp%C3%ADritu

[10] Yogananda, P. (1991). Autobiografía de un Yogui. Self-Realization Felowship. Los Angéles: CA.

[11] Kabat-Zinn, J. (2012). Mindfulness for Beginners, Reclaming the Present Moment and Your Life. Sounds Ture, Boulder, CO.

[12] Iyengar, B.K.S. (1980). Yoga Cien por Cien. Editorial Miguel Arimany. Barcelona: ES.

[13] Way2Knowledge Portal. (2018). Mudras. https://www.facebook.com/page/296925074112390/search/?q=mudras.

[14] Draiman, S. (2020). Origen y Teorías Fundamentales del Ayurveda. Instituto Ayurveda de Argentina.

[15] https://www.peta.org/issues/animals-used-for-food/eating-health/

[16] Freeman, R. y Barnouin, K. (2005). Skinny Bitch: A No-Nonsense, Tough-Love Guide for Savvy Girls Who Want To Stop Eating Crap and Start Looking Fabulous! Running Press. Philadelphia, PA.

[17] Mercola, Joseph. (2010). Top 10 Food Additives to Avoid. https://www.foodmatters.com/article/top-10-food-additives-to-avoid

[18] Gordon, J. S. (2019). The Transformation: Discoveing Wholeness and Healing After Trauma. HarperCollins Publishers, New York, NY.

[19] Arjava, P. F. (2000). Manual Original del Dr. Mikao Usui. Uriel Satori Editores.

[20] Chopra, D., MD, Barsotti, T. & Mills, P.J. (2002). Energy Healing Comes Into The Light. https://www.deepakchopra.com/articles/energy-healing-comes-into-the-light/

[21] Gordon, J. S. (2019). The Transformation: Discoveing Wholeness and Healing After Trauma. HarperCollins Publishers, New York, NY.

[22] Hale, G. & Evans, M. (2004). Anness Publishing. London.

[23] Ross, A. & Thomas, S. (2010). The health benefits of yoga and exercise: A review comparison studies. The Journal of Alternative and Complementary Medicine. Vol.6(1).

[24] Diamond, L. (2012). The benefits of yoga in improving health. Primary Health Care. Vol. 22(2).

[25] Benson, H. & Stuart, E.M. (1992). The Wellness Book: The Comprehansive Guide to Maintaining Health and Treating Stress-Related Illness. Fireside, New York: NY.

[26] Aguirre, A.P., Castro, G., Fiorentini, G., Madero, M., Malbaski, V., Naime, L. & Ramos, E. (2010). El Mini-Manual de EFT (Emocional Freedom Technique). Técticas de Liberación Emocional. Energy Psychology Press. Fulton, CA.

[27] Mitchinson, A., Fletcher, C., Truble, E. (2021). Integrating massage therapy into the healthcare of female veterans. Fed Pract. 30(2) en Massage Therapy Journal.

[28] Miller, L. & Miller, B. (1995). Ayurveda & Aromatherapy. Lotus Press. Detroit, EU.

[29] Byrne, R., Assaraf, J., Beckwith, M. & Brower, L. (2006). The Secret. https://www.amazon.com/Secret-Rhonda-Byrne/dp/B00DDOWK5I/ref=sr_1_1?keywords=the+secret+documentary&qid=1663081788&sprefix=THe+secret+documenta%-2Caps%2C237&sr=8-1

[30] Sweeney, P. (2012). Inner Worlds, Outer Worlds. https://www.amazon.com/Inner-Worlds-Outer-Patrick-Sweeney/dp/B07K5HBZFV/ref=sr_1_1?crid=1PIT5L6ET0MM3&keywords=inner+worlds+outer+worlds&qid=1663082101&s=instant-video&sprefix=inner+workings%2Cinstant-video%2C172&sr=1-1

Made in the USA
Middletown, DE
12 August 2024

58972875R00137